Reiseführer

Dalmatien

von Veronika Wengert

W0172061

 ADAC Top Tipps

Das müssen Sie gesehen haben!
Die zehn Top Tipps bringen Sie
zu den absoluten Highlights.

 ADAC Empfehlungen

Unterwegs gut beraten: Diese
25 ausgesuchten Empfehlungen
machen Ihren Urlaub perfekt.

Preise für ein DZ mit Frühstück:
€ | bis 600 HRK
€€ | bis 1100 HRK
€€€ | ab 1100 HRK

Preise für ein Hauptgericht:
€ | bis 75 HRK
€€ | bis 125 HRK
€€€ | ab 125 HRK

■ Intro

■ ADAC Quickfinder

*Hier finden Sie die Orte, Sehens-
würdigkeiten und Attraktionen,
die perfekt zu Ihnen passen.*

■ Unterwegs

■ Service

Dalmatien von A–Z 124

Alle wichtigen reisepraktischen
Informationen – von der Anreise
über Notrufnummern bis hin zu
den Zollbestimmungen.

 Zu diesen Orten und Sehens-
würdigkeiten finden Sie Detailkarten
im Innenteil des Reiseführers.

Umschlag:

1 → **ADAC Top Tipps:** Vordere
Umschlagklappe, innen **1**

1 ◇ **ADAC Empfehlungen:** Hintere
Umschlagklappe, innen **2**

Übersichtskarte Dalmatien Süd:
Vordere Umschlagklappe, innen **3**
Übersichtskarte Dalmatien Nord:
Hintere Umschlagklappe, innen **4**

Stadtplan Split: Hintere Umschlagklappe, außen **5**
Ein Tag in Split: Vordere Umschlagklappe, außen **6**

Dalmatien – Europas sonnenverwöhnter Balkon

Mediterraner Küstenzauber, sonnige Inselwelten und Top-Weine locken seit Langem Urlauber nach Dalmatien

Malerische Fischerhäfen wie auf der Insel Hvar locken überall an Dalmatiens Küste

Wie eine Balustrade säumt Dalmatien die türkisfarbene Adria: Historische Städte mit holprigem Pflaster wie Split, Trogir, Zadar und das bezaubernde Dubrovnik schmiegen sich an den Küstenstreifen und blicken auf vorgelagerte, hügelige Inseln. Im Hintergrund bilden schroffe Felshänge die grandiose Kulisse für diesen wunderbar vielfältigen Landschaftskosmos.

Flächenmäßig kleiner als Schleswig-Holstein, nimmt Dalmatien den Großteil der kroatischen Küste ein: Spitz wie ein Säbel zulaufend, zieht sich die Region von der Insel Pag im Norden bzw. von der Stadt Karlobag auf dem Festland bis zur montenegrinischen Bucht von Kotor. Ist man auf der Küstenstraße unterwegs, kommen da sage und schreibe 450 km zusammen.

Zwischen Bergen und Meer

Flankiert wird die legendäre Adria-Magistrale vom Velebit-Massiv nördlich von Zadar, dem Mosor-Gebirge zwischen Split und Omiš sowie dem Biokovo-Gebirge im Hinterland der Makarska Riviera. In der Adria erstrecken sich 942 Inseln und Riffs (von insgesamt 1244 in ganz Kroatien). Die

zwei in der Adria: Die Plitwitzer Seen und der Nationalpark Krka bezaubern mit rauschenden Wasserfällen, der Nationalpark Paklenica hingegen mit fast senkrechten Felsschluchten, die durch die Winnetou-Verfilmungen in den 1960er-Jahren berühmt wurden. Skipper schlängeln sich mit ihren Segelbooten durch den Nationalpark Kornati an winzigen Eilanden vorbei – ein fast menschenleeres Paradies. Doch auch Mljet, die ruhige, dank ausgedehnter Wälder dunkelgrüne Insel, weist einen Nationalpark auf und besticht mit einem malerischen Klosterinselchen in einem Salzsee. Wer Natur-

Vom rauen Gebirge des Paklenica Nationalparks (unten) ist man rasch an romantischen Küsten (ganz unten)

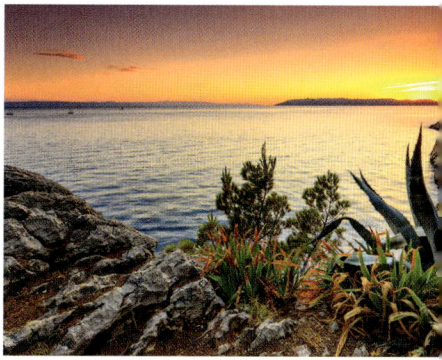

meisten Inseln, oftmals mit versteckten Badebuchten gesegnet, sind allerdings unbewohnt. Eile? Die wird spätestens auf den Inselfähren einfach davongeweht.

Nationalparks mit betörenden Naturspektakeln

Landschaftliche Höhepunkte Dalmatiens sind gleich fünf Nationalparks, davon drei im Landesinneren und

Dalmatien bietet jedem Besucher etwas: Vom Segeltörn durch die Kornati (oben) über Kulturstädte wie Zadar (Mitte) bis hin zu herrlichen Wanderwegen (unten)

Fit im Freien

Überall in Dalmatien bieten sich herrliche Wandermöglichkeiten: Auf fast jedem Inselchen und hinter jedem Badeort wellt sich ein Hügel mit schöner Aussichtskuppe. Radeln ist vor allem in der Nebensaison auf den Inseln angesagt, wo längst nicht so viele Autofahrer wie auf der legendären Adria-Magistrale unterwegs sind. Wer lieber im Wasser aktiv ist, findet in Dalmatien bestimmt die Möglichkeit, seinem Lieblingssport zu frönen: Segelfans ankern in stillen Buchten, Wind- und Kitesurfer schätzen die Lagune bei Nin, Bol auf der Insel Brač und Viganj auf der Halbinsel Pelješac. Dugi otok gilt mit seinen Unterwasser-Steilwänden als Taucherparadies, und Omiš ist das unangefochtene Rafting-Mekka Dalmatiens.

oasen mag, findet am größten See Kroatiens, dem Vransko jezero, oder im weit gefächerten Neretva-Delta ursprüngliche Vogelparadiese.

Antikes Straßenpflaster

Auch kulturell hat Dalmatien eine Menge zu bieten: Küstenstädte mit antiken Wurzeln, wie Zadar, Trogir, Split und Dubrovnik, oder das mittelalterliche Šibenik wirken wie belebte Open-Air-Museen. Ihre bauliche Eleganz unterstreicht der helle Kalkstein von der Insel Brač. Das Kulturerbe ist reich: römische Straßenzüge, Tempelreste und venezianische Campanile, die das rote Dächergewirr der Küstenstädte überragen. Schon die Griechen wussten die Reichtümer Dalmatiens zu schätzen und kultivierten Olivenhaine und Weinreben, wovon UNESCO-geschützte, antike Parzellen auf Hvar zeugen. Überhaupt pflegt die UNESCO eine lange Liste in Kroatien.

Wehrhafte Mauern gegen Angreifer

Monumentale Wehrmauern, etwa in Dubrovnik oder Ston, erzählen wortlos die Geschichte einer Region, die schon immer Begehrlichkeiten weckte: Mit ihren venezianischen Festungen wurden Osmanen und lokale Piraten aus Omiš oder der Neretva-Region ferngehalten. Nur die Republik Ragusa, heute Dubrovnik, bewahrte ihre Freiheit über die Jahrhunderte, bis Napoleon kam. Im jüngsten Krieg (1991–95), den die Kroaten »Heimatkrieg« nennen, halfen die Wehrmauern nicht: Hotels wurden zu Orten der Flucht, das Pflaster färbte sich blutrot, und bis heute erkennt man – aus der Vogelperspektive – die ausgetauschten Dachziegel der herausgeputzten Altstädte von Dubrovnik, Šibenik und Zadar.

Blieben die Urlauber damals fern, sind heute mehr da als jemals zuvor: Über 20 Mio. Touristen reisen jedes Jahr nach Kroatien, viele davon nach Dalmatien. Große Kreuzfahrtschiffe stoppen in Städten wie Dubrovnik oder

Ein Bollwerk gegen Eindringlinge sollte sie sein, Dubrovniks Befestigungsanlage

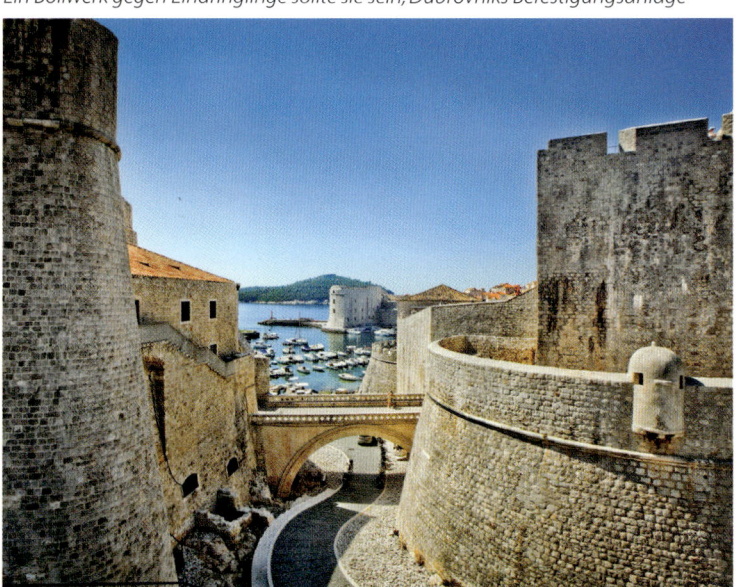

Split, in der Hochsaison stoßen viele Orte an ihre Grenzen. Ortskundige behelfen sich: Live-Webcams und Zähler zeigen im Internet, wie bevölkert die Altstadt von Dubrovnik gerade ist. So eng es im Hochsommer auch wird, klagen will man nicht: Der Tourismus trägt ein Fünftel zum Bruttoinlandsprodukt bei und schafft, zumindest im Sommer, Arbeitsplätze.

> *Man kann sich keine schöneren Olivenbäume träumen, als man hier sieht.*
>
> Ida von Düringsfeld

Entschleunigung – gewusst wie

Die Dalmatiner, die übrigens nach dem illyrischen Stamm der Delmater (Dalmater) benannt sind, die hier einst siedelten, pflegen eine südliche Gelassenheit. Slow Food ist kein Modetrend, sondern hat Tradition: Gäste werden gerne mit regionalen Gerichten und gutem Wein bewirtet – am liebsten hausgemacht (»domaće«). Wichtig ist auch das tägliche Kaffee-Ritual in Dalmatien: Eine »kava« im Straßencafé mit Plausch, das gehört zu den Lieblingsbeschäftigungen vieler Kroaten, nicht nur an der Küste. Tun Sie es den Dalmatinci gleich: Nippen Sie eine »kava« in einem »kafić« an einer Promenade – und lassen Sie sich von der entschleunigenden Lebensart anstecken!

Kurvige Küsten-Magistrale

Schön ausgeruht, gibt es viel zu entdecken: Dalmatien ist mit einer modernen Autobahn im Hinterland gut

Ein beliebter Treffpunkt: der Hauptplatz von Trogir mit Cafés und Uhrturm

erschlossen, zumindest bis zur Hafenstadt Ploče. Dann geht es auf der kurvigen Adria-Magistrale weiter, ein Stück verläuft sie durch Bosnien und Herzegowina. Ein gut ausgebautes Busnetz macht es leicht, das Auto auch mal stehen zu lassen. Die Autofähren auf die knapp 50 bewohnten Inseln sind zuverlässig, verlangen im Sommer jedoch einen Zeitpuffer.

Noch etwas: Die dalmatinische Küste ist lang – der Urlaub hingegen meist nur kurz. Nehmen Sie sich bei der ersten Begegnung mit Dalmatien lieber nicht zu viel vor und konzentrieren Sie sich stattdessen auf die Höhepunkte, die Sie wirklich interessieren. Vermutlich werden Sie ohnehin wiederkommen, wenn Sie die schöne Landschaft und die gastfreundlichen Dalmatiner erst einmal kennengelernt haben!

Hauptstadt Kroatiens Zagreb
(ca. 800 000 Einw.)

Größte Stadt in Dalmatien
Split (178 000 Einw.)

Sprache Kroatisch

Einwohner 860 000,
ganz Kroatien 4,1 Mio.

Währung Kuna (Kn oder HRK),
Stückelung in Lipa

Staatsform Parlamentarische
Republik

Fläche Dalmatien 12 951 km²
(kleiner als Schleswig-Holstein)

Höchste Erhebung in Kroatien
Dinara 1831 m

Größte Insel in Dalmatien
Brač (395 km²)

Tourismus 20 Mio. Urlauber (2018)

Religion mehrheitlich römisch-
katholisch

Wichtigste Vokabeln »fjaka« heißt
die dalmatinische Version der Siesta;
»dir« bedeutet »eine Runde drehen«

Wichtigster Satz »Ajmo na kavu?«
= »Lass´ uns etwas trinken gehen!«

Kroatiens Exportschlager
Vegeta (Würzpulver)

Weltberühmte Erfindung
Die Krawatte

Darauf sind die Dalmatiner stolz
Auf das »klarste Meer der Welt«! Und
auf »ihren« Fußballclub Hajduk Split

Das will ich erleben

Versprenkelte Inselwelten, schroffe Gipfel und sprudelnde Wasserfälle: In Dalmatien mit seinen wunderbar mediterranen Landschaften gerät man schnell ins Schwärmen. Zum Morgenkaffee auf eine »Piazza« mit venezianischen Palästen, dann auf den Fischmarkt oder ins Museum, am Nachmittag an den Strand und abends die Sonne mit einem Sundowner an einer eleganten Riva verabschieden – das macht Dalmatien so reizvoll. Ob man zum Baden oder Segeln nach Dalmatien reist, ob man lieber Sandburgen baut oder gegrillte Fische genießt – hier findet jeder sein Erlebnis, das zu ihm passt.

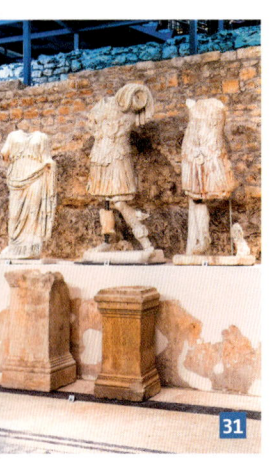

Schätze der Römerzeit

Wo früher Kaiser Diokletian in Split seine alten Tage verbrachte, bummeln heute Urlauber – und wo sich das Volk in Zadar traf, tollen Kinder über die erhaltenen Steinsäulen: Römische Kultur gibt es oftmals mittendrin. Und das ist wirklich einzigartig.

Einzigartige Landschaften

Schäumende Wasserfälle, winzige Eilande, weiße Karstgebirge und beeindruckende Buchten – die Landschaften Dalmatiens sind ausgesprochen vielfältig und laden zu interessanten Entdeckungstouren auf dem Wasser und an Land ein.

Spaß für Familien

In Dalmatien gibt es für den Nachwuchs viel zu entdecken. Vor allem natürlich Strand und Meer. Doch es gibt noch mehr Dinge, die die Kleinen begeistern: bunte Feste, mächtige Burgen und tierische Begegnungen …

Buntes Marktgeschehen

Der Besuch auf einem lebhaften Bauernmarkt ist immer etwas ganz Besonderes. Übrigens: Vieles, was es dort zu kaufen gibt, eignet sich prima als Mitbringsel für daheim.

Spezialitäten des Meeres

In Dalmatien muss Fisch dreimal schwimmen: zunächst im Meer, dann in Olivenöl und schließlich in Wein. Einige Spezialitäten mit Fisch oder Meeresgetier sollten Sie unbedingt probieren.

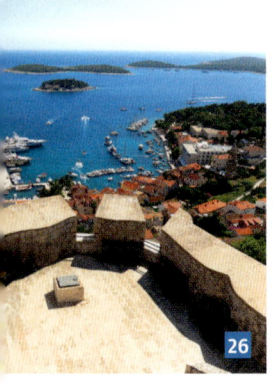

Mächtige Bollwerke

Früher sollten die mächtigen Festungen Angreifer abwehren, heute ziehen sie viele Besucher an. Wer Festungen mag, wird Dalmatien lieben.

Die schönsten Strände

Strände sind zum Sonnenbaden da. Oder zum Sandburgen bauen, Wasserball spielen oder Abtanzen – ganz wie es gefällt. Und dass in Dalmatien die Kiesel- und Felsstrände überwiegen – wen stört das schon? Angesichts des glasklaren Wassers und der traumhaften Panoramablicke, die sich all zu oft dort bieten.

Glanzlichter sakraler Baukunst

Dalmatiens Kirchen und Kathedralen beeindrucken durch meisterhafte Baukunst, durch wertvolle sakrale Gegenstände – oder aber durch ihre einzigartige Lage, etwa mitten in einem See.

Sportliche Herausforderungen

Bei schönem Wetter lässt es sich in Dalmatien prima aktiv werden, im Wasser oder an Land. Vieles kann man auf eigene Faust unternehmen, bei einigen Action-Programmen aber sollte man besser auf geführte Gruppen setzen.

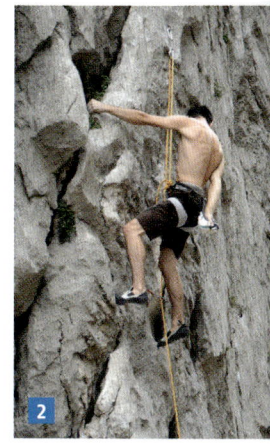

Perfekte Sundowner-Plätze

Alfred Hitchcock war sich sicher, »den schönsten Sonnenuntergang der Welt« an der Uferpromenade von Zadar erlebt zu haben. Doch auch anderswo gibt es wunderbare Orte, an denen die Sonne tiefrot ins Meer eintaucht.

Berühmte Filmkulissen

Dubrovnik war gestern. Heute heißt die Stadt »Königsmund«, zumindest für Anhänger der beliebten Fantasy-Saga »Game of Thrones«. Doch in Dalmatien gibt es noch mehr Drehorte, die Filmfans anziehen.

Unterwegs

Malerisch erstreckt sich die historische Altstadt von Primošten auf einer Halbinsel, nur durch einen schmalen Landstreifen mit dem Festland verbunden

Norddalmatien: auf Winnetous Spuren

*Berühmte Nationalparks, eine faszinierende Inselwelt und Kultur-
städte wie Zadar machen den Reiz dieser Region Norddalmatiens aus*

Die meisten Dalmatien-Besucher zieht
es an die Küste, wo herrliche Badebuchten, schmucke Städtchen und eine zauberhafte Inselwelt zu erholsamen Urlaubstagen einladen. Nicht
weniger lohnend aber sind Stippvisi-
ten ins Landesinnere. Tief im Hinterland, in der Bergregion Lika, zischt und
brodelt es: Tosend stürzen hier die berühmten Wasserfälle im Nationalpark
Plitwitzer Seen hinab und verbinden
sich zu drachengrünen Ketten. Wild-
west-Romantik kommt spätestens im
Nationalpark Paklenica mit seinen
Schluchten auf, aber auch hoch über
dem Zrmanja-Canyon. Berühmt wurden die Naturschönheiten, seit Winnetou in den 1960er-Jahren durch genau
diese Landschaften galoppierte.
Die erste größere Stadt in Norddalmatien ist Zadar, reich an Kultur, Kirchen
und Museen. Familien mit Kleinkindern zieht es an die Strände rund um
Nin oder Biograd na Moru. Und Natur-

freunde kommen an den Seeufern des
Vransko jezero auf ihre Kosten. Ruhe
findet sich auch auf den Inseln vor
Zadar: Ugljan und Pašman sind grün,
Dugi otok besticht mit Steilklippen.

In diesem Kapitel:

ADAC Top Tipps:

1 **Nationalpark Plitwitzer Seen**
| Landschaft |

Traumhafte Wasserkaskaden, die
durch eine grüne Karstlandschaft
rauschen: Seit 1979 sind die berühmten Plitwitzer Seen UNESCO-
Weltnaturerbe. 18

Nationalpark Paklenica
| Schluchten |
Das lang gestreckte Velebit-Gebirge
lädt zum Aktivurlaub ein: ein Kletter-
und Wanderparadies mit senkrechten,
engen Felsschluchten, durch die
schon Winnetou ritt. 20

 **Meeresorgel/Gruß an
die Sonne, Zadar**
| Kunstinstallationen |
Die bezaubernde Küstenstadt verfügt
nicht nur über eine antike Altstadt,
sondern auch über eine einzigartige
Meeresorgel, deren Melodie Wind und
Wellen bestimmen – und über eine
tolle Lichtinstallation. 31

ADAC Empfehlungen:

 Zrmanja-Plateau, Jasenice
| Aussichtspunkt |
Blick auf eine atemberaubende Fluss-
und Canyonlandschaft, Kulisse für die
»Winnetou«-Filme. 22

 Paški most, Insel Pag
| Aussichtspunkt |
Obligatorischer Fotostopp vor der
Pager Brücke (Paški most): Protago-
nisten sind die Steinwüste, die Adria
und der Velebit. 25

 Kirche Sveti Donat, Zadar
| Kirche |
Ein Blickfang am Forumsplatz ist
die Rundkirche Sveti Donat. 30

 **Naturpark Telašćica,
Dugi otok**
| Steilklippen |
An den steilen Felsklippen über der
Adria haben zahlreiche Tier- und
Pflanzenarten, darunter Wanderfalken,
ihr Refugium gefunden. 35

 Naturpark Vransko jezero
| Landschaft |
Ein Anziehungspunkt für Ornitho-
logen, denn der See ist Brutplatz von
zahlreichen Vogelarten. 38

1 Nationalpark Plitwitzer Seen

 Wasserfälle prägen Kroatiens berühmtesten Nationalpark

ℹ️ Information

■ Nationalparkverwaltung Plitwitzer Seen, 53231 Plitvička jezera, Tel. 053/75 10 15, www.np-plitvicka-jezera.hr, Sommer tgl. 7–20, Frühling, Herbst tgl. 8–18, Winter tgl. 9–16 Uhr, Juni–Sept. 250 HRK, erm. 160/120 HRK, April/Mai, Okt. 100 HRK, erm. 75/50 HRK, Nov.–März 60 HRK, erm. 50/30 HRK, unter 7 Jahre frei, auch Zweitageskarten

Die Wassermassen im Nationalpark Plitvička jezera stürzen kaskadenförmig hinab und ergießen sich in 16 blaugrün schimmernde Seen. Sie sind das Herzstück des 300 km² großen Nationalparks in der Bergregion Lika, die noch immer Heimat wild lebender Bären, Luchse und Wölfe ist. Zwölf Obere und vier Untere Seen, die durch Bäche, Flüsse und Wasserfälle miteinander verbunden sind, locken die meisten Besucher an – dabei machen die Seen flächenmäßig nicht einmal 2 km² aus. Zu den Höhepunkten gehört der 78 m hohe Veliki slap (»Großer Wasserfall«) im unteren Seenbereich. Bei den Oberen Seen ist der 16 m hohe Galovački buk (»Galovac-Wasserfall«) besonders imposant. Die Karstlandschaft verändert sich im Lauf der Zeit. Dieser sogenannte Versinterungsprozess (S. 19) war für die UNESCO 1979 einer der Gründe, den Nationalpark als Weltnaturerbe zu listen.

Berühmt und viel besucht sind die Plitwitzer Seen; schmale Wege führen hindurch

Im Blickpunkt

Wunderbare Wasserfälle im Wandel

Karstlandschaften dominieren nicht nur die kroatische Küste, sondern auch das Hinterland. Ein faszinierendes Karstphänomen ist dabei, dass sich die Wasserlandschaft im Lauf der Zeit langsam, aber stetig verändert, so z. B. bei den Plitwitzer Seen. Dies geschieht durch Ablagerungen. Bei diesem soge-nannten Versinterungsprozess werden im Wasser gelöstes Kalzium und Magnesium – unter Mitwirkung von Algen und Moosen mit Austritt an die Atmosphäre – ausgefällt. Es kommt zur Bildung von Sinterbarrieren, einer Art Kalkstufen im Wasser. Diese wachsen jährlich nur wenige Zentimeter, verändern jedoch den Wasserlauf ganz allmählich.

Im deutschsprachigen Raum wurden die Plitwitzer Seen zunächst durch die »Winnetou«-Verfilmungen (1962–68) nach den Romanen von Karl May berühmt. Der legendäre »Schatz im Silbersee« wurde dort im Kaluđerovac-See versenkt. Der dünn besiedelte Nationalpark war im Heimatkrieg ab 1991 umkämpft, hier fielen die ersten Schüsse. Der Tag ist als »Blutiges Ostern« in die Geschichte eingegangen. Wildromantische Einsamkeit dürfen Sie rund um die Plitwitzer Seen nicht erwarten, zumindest nicht im Sommer: Bis zu 1,5 Mio. Besucher zählt der Nationalpark jährlich. An heißen Tagen geht es oft im Gänsemarsch über die Holzplanken rund um die Seen und Wasserfälle.

 Parken

Die meisten **Parkplätze** gibt es an **Eingang 1 und 2** (Ulaz 1/2), während Eingang 3 nur ein Behelfseingang (Winter) ist. Im Sommer früh kommen, die Parkplätze (Pkw 7 HRK/Std.) sind dann im Nu besetzt, die Schlangen an den Bussen und Panoramazügen lang!

 Wandern

Gut ausgebaute Spazierwege und Holzplanken führen quer durch die Seenlandschaft, **sieben Rundwege** (3,5–18 km Länge) sind ausgewiesen. Die Lieblingsroute vieler Parkbesucher verläuft von Eingang 1 (Ulaz 1) zum Wasserfall Veliki slap an den Unteren Seen vorbei (2–3 Std.). Fernab der Seen wird es ruhiger, mit schönen Wanderwegen (Karte im Infozentrum).

 In der Umgebung

Junge Braunbären, die ohne Mutter aufwachsen müssen, werden von Freiwilligen in einem Öko-Dörfchen im

ADAC *Spartipp*

Wer nur die Hauptattraktion der Plitwitzer Seen entdecken will, kann Juni–Sept. eine **vergünstigte Halbtageskarte** lösen: 150 HRK statt 250 HRK/ Erw., erm. 100/70 HRK, gilt Juni–Aug. ab 16, Sept. ab 15 Uhr. In 2–3 Std. schafft man eine Rundtour am Veliki slap, dem Großen Wasserfall, vorbei (3,5 km).

ADAC *Mobil*

> Wer mit Kindern an den Plitwitzer Seen unterwegs ist, nimmt am besten das **Elektroboot** über den größten See, Kozjak, oder den **Panoramazug** zurück zum Ausgang. Beides ist im Eintrittspreis für den Nationalpark enthalten. Mit Kinderwagen kommen Sie nicht allzu weit: lieber auf eine Wandertrage (»Kraxe«) umsteigen!

Lika-Gebirge aufgepäppelt. ■ Pod Crivon 103, Kuterovo (ca. 40 km östlich vom Nationalpark-Eingang), Tel. 053/79 92 22, www.baerenfreunde-kuterovo.de, April–Okt. tgl. 9–19 Uhr, Spende erbeten

2 Nationalpark Paklenica

 Auf Winnetous Spuren durch bleiche Kalksteinschluchten

i Information

■ Nacionalni park Paklenica, 23244 Starigrad-Paklenica, Tel. 023/36 98 03 (Rezeption Parkeingang), www.np-paklenica.hr, ganzjährig, 60 HRK, Frühjahr/Herbst 40 HRK, Winter 20 HRK

Eine wunderbare Karstwelt erwartet Besucher im Velebit-Gebirge: Beim Eingang in den 1949 gegründeten, 96 km² großen Nationalpark Paklenica fallen sofort wagemutige Kletterer auf, die an fast senkrechten Felswänden kleben. Der spektakuläre Canyon Velika (»Große«) Paklenica führt ziemlich schmal in das Karstgebirge hinein und besticht mit bis zu 400 m hohen Felswänden und Sturzbächen. Das Velebit-Massiv, Lebensraum für eine viel-fältige Tier- und Pflanzenwelt, erstreckt sich parallel zur Adria, was wildromantische Berg-, aber auch Meer-Panoramen von den Gipfeln aus garantiert.
Wer auf den Spuren von Winnetou wandern möchte, folgt einfach den nummerierten Holzschildern: Diese markieren die Original-Drehorte aus den 1960er-Jahren.

👁 Sehenswert

Podzemni grad
| Bunker |
Ein geheimer Schutzbunker, den der ehemalige jugoslawische Staatspräsident Tito ab 1950 in rund dreijähriger Bauzeit anlegen ließ, wurde erst vor wenigen Jahren freigelegt. Mit Natur-Ausstellung und Café. Vom Parkeingang führt ein ebener Weg in gut 10 Min. durch die Schlucht dorthin.

Manita peć
| Tropfsteinhöhle |
Bizarre Karstformationen, die aussehen wie eine Hexe oder Orgel, erwarten Wanderer nach 1,5 Std. Fußmarsch (Wanderschuhe!) in der Höhle Manita-peć (175 m lang), auf etwa 570 m Höhe. ■ Zugang nur mit Führung: April Sa 10–13, Mai, Juni, Okt. Mo, Mi, Sa 10–13, Juli–Sept. tgl. 10–13 Uhr, 30 HRK (Anmeldung am Parkeingang)

Parken

Eine Parklücke finden Sie entlang der **Zufahrtsstraße zum Haupteingang/Eingang 1** (früh kommen).

Restaurants

€€–€€€ | **Etno kuća Marasović** In dem urigen Bauernhaus werden Velebit-

Spezialitäten serviert; mit schönem Innenhof, Ethno-Ausstellung und Info-Punkt (Nationalpark). ■ Trg Tome Marasovića 1, Starigrad-Paklenica (Zufahrtsstraße zum Park), Tel. 023/35 93 39, tgl. 12–23 Uhr

Sport

Klettern Jeder dritte Besucher ist Kletterer! Rund 400 gut markierte Kletterrouten, mit Wachdienst im Sommer, gibt es. Die bekannteste und anspruchsvollste Kletterwand ist Anića kuk (bis zu 350 m lang). In dem längsten Abschnitt der Velika Paklenica-Schlucht, Klanci, können auch Kinder Klettern lernen (Kurse, Ausrüstung). Trubelig geht es beim **Internationalen Kletterer-Treffen** zu (rund um den 1. Mai). ■ www.paklenica-avanturist.com

Wandern

150 km Wanderwege Der Klassiker führt vom Parkeingang zur Berghütte Paklenica (50 Betten), an Wasserfällen vorbei (mittelschwer, 2 Std., etwa 400 m Höhenunterschied). Zum höchsten Gipfel, Vaganski vrh (1757 m), oder für eine Rundwanderung durch die Mala (»Kleine«) Paklenica-Schlucht (nach Regenfällen nicht empfehlenswert) sollten erfahrene Wanderer etwa 8 Std. einplanen. Wanderausrüstung erforderlich!

🚗 In der Umgebung

Muzej Winnetoua i Karla Maya Die Winnetou-Filmcrew kam während der Dreharbeiten im Motel Alan unter. Heute erinnern im Winnetou- und Karl-May-Museum Kostüme, Plakate

Entlang der Küste erstreckt sich das 145 km lange, oft menschenleere Velebit-Gebirge

ADAC *Mobil*

Kurvige Küstenstraße

Die Adria-Magistrale windet sich stellenweise nah am Meer entlang und wird von schroffen Felsen flankiert – eine Panoramastraße! Die Kehrseite: **viele Kurven**, oft **unübersichtlich** und **schmal**. Hat es im Sommer längere Zeit nicht geregnet, kann die Straße durch den Staubfilm sehr rutschig werden. Geht es in der Hauptreisezeit nur langsam voran, wird oft riskant überholt – halten Sie **ausreichend Abstand** zum Vordermann! Manche Orte, etwa Omiš südlich von Split, werden an Sommerwochenenden zum Nadelöhr, da braucht es Geduld – oder die Umfahrung auf der Autobahn.

und ein Original-Kanu an den berühmten Indianerhäuptling. ■ Ul. dr. Franje Tuđmana 14, Starigrad-Paklenica, www.hotel-alan.hr, April–Okt. Mo–Fr 11–12, Mo, Mi, Fr auch 17–18 Uhr, Eintritt frei, Spende erbeten

3 Novigrader Meer

Atemberaubende Schluchten, Brücken und Fotomotive vor Velebit-Kulisse

ℹ Information

■ TZ, Trg kralja Tomislava 1, 23312 Novigrad, Tel. 023/37 50 51, www.novigrad-dalmacija.hr

Das Novigrader Meer (Novigradsko more), eine Bucht, die sich südlich des Nationalparks Paklenica tief ins Landesinnere einschneidet, wird im Hintergrund flankiert vom kargen Vele-

bit-Gebirge. Nach Osten geht es über einen schmalen Kanal ins Kariner Meer (Karinsko more) über. Wer von der Autobahn A1 abfährt, findet in dieser Gegend wunderbare Aussichtspunkte, Brücken und Canyons – allesamt wunderschöne Fotomotive.

Sehenswert

Zrmanja-Plateau/Pariževačka glavica, Jasenice

| Aussichtspunkt |

 Auf den Spuren von Winnetou und Old Shatterhand

Das ist Winnetou-Filmkulisse, wie wir sie lieben: Durch den bleichen, kargen Zrmanja-Canyon windet sich der gleichnamige, smaragdgrüne Fluss. Von einem Aussichtspunkt auf dem Zrmanja-Plateau, Pariževačka glavica, fällt der Blick über diese unverfälschte Landschaft. Es ist genau die Stelle, an der Winnetou und Old Shatterhand Blutsbrüderschaft schlossen und wo ein andermal das Apachen-Pueblo stand! Auf der Leinwand heißt die Zrmanja übrigens »Rio Peco« – und von Kakteen keine Spur, die gehörten zur Kulisse. Ein Abstieg in den Canyon ist nicht möglich, das Terrain ist halsbrecherisch steil.

■ Anfahrt: Entlang der B54 von Maslenica/Posedarje in Richtung Obrovac, etwa 1,5 km nach Jasenice bei Strommast Nr. 87 auf einer kleinen Stellfläche parken, 10 Min. unbefestigter Fußweg zum Aussichtspunkt

Maslenički most, Maslenica

| Brücke |

Die knallrote Maslenica-Brücke spannt sich 315 m über die gleichnamige, steil abfallende Meeresenge. Sie verbindet das Velebit-Gebirge mit der Gespanschaft Zadar. Auf beiden Seiten gibt es Parkplätze, im Sommer kann man in der Mitte der Brücke wagemutige Bungee-Jumper beobachten. Im Heimatkrieg 1991 wurde die Brücke gesprengt, die Region Zadar war dadurch vom übrigen Kroatien komplett abgeschnitten. Die »neue« Maslenica-Brücke wurde als Abschnitt der Autobahn A1 errichtet, einige hundert Meter versetzt. Da sie aufgrund der starken Bora-Fallwinde häufig gesperrt werden muss, baute man 2005 wieder die »alte« Maslenica-Brücke über dem Meeresarm auf, um den Verkehr darüber umzuleiten.

Festung Fortica, Novigrad
| Burgruine |
Das historische, touristisch wenig erschlossene Novigrad (2200 Einw.) schmiegt sich malerisch ans Ende einer Bucht im Novigrader Meer. Steile Treppengassen führen östlich der Ortsmitte zur Tvrđava Fortica aus dem 14. Jh. hinauf, die vergessen über dem Ort thront – mit tollem Ausblick!

Kirche Sveti Duh, Posedarje
| Kircheninsel |
Ein hübsches Fotomotiv vor Velebit-Bergkulisse ist die winzige Heilig-Geist-Kirche bei Posedarje: Sie ziert ein kleines Eiland, das Holzplanken mit dem Ufer verbinden. Die Glocke im Kirchturm läutet nur einmal pro Jahr, am Patronatstag. Leider ist die Kirche meist verschlossen. Tagsüber baden hier gerne Familien mit Kleinkindern im seichten Wasser, am Ufer trifft man sich bis spät in der Strandbar »Stars«.

■ Anfahrt: von Posedarje etwa 1 km in Richtung Novigrad, Parkplatz an der Straße (Schild »Sveti Duh«)

 Erlebnisse

Bootsfahrten Auf dem Fluss Zrmanja werden Bootstouren mit Foto-Safari entlang der Winnetou-Drehorte bis zu den kleinen Wasserfällen angeboten; auch Kanu- und Rafting-Touren.

■ Zrmanja River Tours, Kusić 5, Novigrad, Tel. 092/3608387, www.f-zrmanja.com, Bootsfahrt 250 HRK, erm. 150 HRK

Im Blickpunkt

Sorgt für Gesprächsstoff: die Bora

Die Bora (kroat. »bura«) ist Gegenstand des täglichen Plauschs in Dalmatien: Man spricht gern über den trockenen, kalten Fallwind, der plötzlich und orkanartig auftreten und zu dramatischen Temperaturstürzen führen kann. Das tut er vor allem in der kühleren Jahreszeit: An solchen Tagen wird die Maslenica-Brücke der Autobahn gesperrt, Fähren bleiben im Hafen. Besonders gefürchtet ist die Bora im Velebit-Kanal, wo sie mit einer Geschwindigkeit von weit über 200 km/h vom gleichnamigen Gebirge hinunterpeitschen kann. Mit ihrer Stärke hat die Bora viele Inseln auf der Festlandseite blankgeschliffen. Manchmal legen sich typische »Borawolken« wie eine Walze über den Velebit-Gebirgskamm. Allein ist die Bora nicht: In Dalmatien kennt man auch den Jugo, einen warmen feuchten Südwind, der Saharasand mit sich bringen kann. Der Maestral gilt hingegen als Schönwetterwind, der tagsüber vom Meer her weht.

4 Insel Pag

*Karge Insel, die mit einem ganz beson-
deren Käse und feinen Spitzen lockt*

i Information

■ TIC, Vela ulica 8, 23250 Pag (Stadt),
Tel. 023/61 12 86, www.tzgpag.hr

Der Bora-Fallwind hat die Insel Pag
(8500 Einw.) vielerorts glattgeschliffen:
Auf ihrer Festlandseite wirkt sie wie
eine Mondlandschaft, während in
windgeschützten Tälern Weintrauben
und Oliven gedeihen. Pag gilt als nörd-
lichste Insel Dalmatiens. Zumindest
teilweise, denn hier verläuft die ver-
waltungstechnische Trennung zwischen Kvarner Bucht und Dalmatien.
Die nordöstliche Landzunge Lun prägen knorrige Olivenbäume, die bis zu

2000 Jahre alt sind und zu einem
schattigen Spaziergang einladen. Der
nach Pag (Stadt) zweitgrößte Inselort,
Novalja, erstreckt sich ebenfalls im
Norden. Familien teilen sich dort die
Badestrände mit Partygängern aus
ganz Europa: Der Strand Zrće mit seinen Disco-Clubs gilt als das »Ibiza
Kroatiens«. Wer auf dem Landweg
über die Pager Brücke anreist, kommt
an den Salzgärten der Solana Pag vorbei, die sich kurz vor der Inselhauptstadt erstrecken und leider nicht besichtigt werden können. Dafür lohnt
die Altstadt von Pag den Ausflug!

Sehenswert

Pag (Stadt)
| Stadtbild |
Gepflasterte Gassen führen durch den
größten Ort der Insel (3800 Einw.). Den

Beschaulich geht es in Pag-Stadt zu, das von Bauten aus der Renaissance geprägt ist

Hauptplatz prägt die Mariä-Himmelfahrt-Kirche (Marijino Uznesenje) mit einer hübschen Schmuckrosette an der Fassade. Gegenüber fällt der Rektorenpalast (Knežev dvor) auf, der das Spitzenmuseum (Galerija Paške čipke) beherbergt: Die Pager Spitzen, die aufwendig genäht (nicht geklöppelt!) werden, gehören zum immateriellen UNESCO-Weltkulturerbe. Diese Tradition wird hier weitervererbt.

Auf die winzige Halbinsel Prosik, gegenüber der Altstadt, führt eine steinerne Bogenbrücke. Dort erzählt das Salinenmuseum (Muzej soli) in den ehemaligen Salzlagerhäusern vom »weißen Gold«, das seit Jahrhunderten auf Pag gewonnen wird.

■ Spitzenmuseum: Juli/Aug. tgl. 10–12.30, 20–22 Uhr, im Juni/Sept. verkürzt, 10 HRK; Salzmuseum: im Juli/Aug. tgl. 10–13, 19–23 Uhr, Juni/Sept. verkürzt, 10 HRK

Paški most

| Aussichtspunkt |

 Fotogene Mondlandschaft an der Pager Brücke

Wer von Süden her auf die Insel Pag anreist, etwa aus Zadar, sollte einen Fotostopp vor der 301 m langen Pager Brücke (Paški most) einplanen: Von einem weitläufigen Schotterparkplatz fällt der Blick auf eine unwirkliche Steinwüste, die zur Adria hin steil abfällt. Im Hinterland steigt der Velebit steil auf. Flankiert wird diese eindrucksvolle Schnittstelle zwischen Gebirge und Meer von einem Canyon, der sich ins Landesinnere einschneidet. Unmittelbar hinter der Brücke zweigt eine gut ausgebaute Asphaltstraße ab, die zur frei zugänglichen Festungsruine Fortica auf einem Kap mit Leuchtfeuer führt.

Vegetationslos und steinig – Pag gleicht mancherorts einer Mondlandschaft

Verkehrsmittel

Die Autofähre benötigt vom Festland (Prizna) auf die Insel Pag (Žigljen) gut 15 Min. Von Zadar bis zur mautfreien Inselbrücke sind es 30 km.

P Parken

Pag (Stadt), am Ufer Šetalište A. Hebranga, 7–23 Uhr, 7 HRK/Std., Parkplatz auf Prosik (vor dem Salzmuseum): 10 HRK/Std.

Restaurants

€€ | **Restaurant Dudo** In das kleine Restaurant gehen die Inselbewohner gerne, wenn sie gute Lammgerichte

ADAC *Wussten Sie schon?*

Die Insel Pag ist für ihren gold-
gelben Käse berühmt, **Paški sir.**
Die Bora peitscht das Meer auf, dabei legen sich die Salzkristalle wie
feiner Sprühnebel auf die Wild-
kräuter, von denen sich die Schafe
ernähren. Das verleiht der Milch –
und dem Lammfleisch – eine besondere Note. Während der Hart-
käse reift, wird er mit Meersalz
und Olivenöl eingerieben.

essen möchten. ■ Zadarska ul. 71, Din-
jiška, Tel. 023/69 10 55, tgl. 11–23 Uhr

 Einkaufen

In der Altstadt von Pag verkaufen Frau-
en die feinen **Pager Spitzen** direkt vor
ihren Häusern. Ab 200 HRK.

 Nin

*Hübsches Lagunenstädtchen mit
berühmter Mini-Kathedrale*

 Information

■ TZ, Trg braće Radića 3, 23232 Nin,
Tel. 023/26 52 47, www.nin.hr

Nin (2800 Einw.) ist zwar klein, schrieb
jedoch große Geschichte: Vermutlich
vom illyrischen Stamm der Liburner
gegründet, gilt es als älteste Königsstadt des Landes mit gleich zwei unge-
wöhnlichen Kirchen. Familien bevölkern gerne die in Kroatien seltenen
Sandstrände der Lagune, die sich rund
um Nin und den Nachbarort Zaton
zieht. Bei der Anreise aus Zadar führt
die Straße durch die Salzgärten von
Nin, die der Stadt Reichtum brachten.

 Sehenswert

Altstadt
| Stadtbild |
Von einer Wehrmauer umgürtet, erstreckt sich Nin auf einer gerade mal
500 m langen Insel. Zwei Brücken bin-
den das Städtchen ans Festland an, ein
Steintor (16. Jh.) führt hinein. Beide
Brücken wurden 2017 bei einer Über-
schwemmung stark beschädigt. Infotafeln zeigen Bilder der großen Flut.

Kathedrale Sveti Križ
| Kathedrale |
Kathedralen sind groß? Nicht immer.
Mitten in Nin versteckt sich, winzig
und bescheiden, die »kleinste Kathedrale der Welt«: Die Hl.-Kreuz-Kirche
(Sveti Križ) im vorromanischen Stil
(9. Jh.) gilt als eines der bedeutendsten
Gotteshäuser dieser Zeit. Hier wurden
die altkroatischen Könige gekrönt. Die
schmalen Fensterschlitze nutzte man
früher, abhängig vom Lichteinfall, als
Kalender und Sonnenuhr.
■ Ul. Petra Zoranića 8

Solana Nin
| Saline |
Sonne, Meer und Wind: Mehr braucht
es nicht, um in der Saline von Nin
Meersalz zu ernten. Die Ernte des »weißen Goldes« blickt auf 1500 Jahre Tradition zurück. Ein Mini-Museum, »Salz-
haus« (Kuća soli), erinnert mit kurzem
Einführungsfilm und einigen Exponat-
ten daran. Die Salzgärten können nur
im Rahmen einer Führung besichtigt
werden. Hier leben 200 Vogelarten,
darunter viele Stelzenläufer.
■ Ilirska cesta 7, www.solananin.hr,
Museum: Mo–Fr 8–20, Sa, So 9–20 Uhr,
35 HRK; Führung (Sommer): zu jeder
vollen Std. 8–12, 17–20 Uhr, 65 HRK

Im Mittelalter Bischofssitz: In Nin wurden angeblich sieben Könige gekrönt

Restaurants

€€ | Aenona Das unprätentiöse Restaurant mit schattiger Terrasse serviert solide dalmatinische Gerichte, gegenüber vom Gregor von Nin-Denkmal. ■ Ul. Petra Zoranića 2, Tel. 023/26 40 52, tgl. 7–23 Uhr

Einkaufen

Solana Nin Der moderne Shop im Eingangsbereich der Saline führt Meersalzblüte, die als »Kaviar« unter den Salzen gilt. Ur-Salzbrühe Salamura hilft gegen verschiedene Zipperlein, Schokolade mit Meersalzblüte zergeht auf der Zunge. ■ Adresse s. o.

Kinder

Strandvergnügen Kraljičina plaža, der »Königinnenstrand«, ist der berühmteste Abschnitt in der flach abfallenden Lagune um Nin: Die kilometerlangen Sandstrände, die sonst so selten in Kroatien sind, eignen sich für Kleinkinder und Nichtschwimmer. Spaß macht es, sich mit schwarzem Heilschlamm einzuschmieren. ■ Beschilderung »Ljekovito blato« folgen. Parken 30 HRK/Tag

Sport

Kitesurfen Sie haben die Lagune um Nin für sich entdeckt, ein Abschnitt am flachen Stadtstrand Ždrijac gehört nur den Kitesurfern. ■ Kurse: Tel. 098/912 98 18, www.surfmania.hr

In der Umgebung

Nikolaus-Kirche Zeit für einen Fotostopp: Malerisch thront die winzige, altkroatische Crkva Svetog Nikole (Sveti Nikola, 12. Jh.) auf einem kleinen Hügel. Der Miniatur-Wachturm mit Schießscharten wurde während der Türkenangriffe errichtet. Besichtigung leider nur von außen! ■ Direkt neben der Straße, 2 km von Nin in Richtung Zaton/Zadar, großer Parkplatz

6 Zadar

Kulturmetropole und Tor zur dalmatinischen Küste

Eine der beliebtesten – und bekanntesten – Flaniermeilen: die Promenade von Zadar

ℹ Information

■ TIC/Stadt Zadar, Ul. Jurja Barakovića 5, 23000 Zadar, Tel. 023/41 61 66, www. zadar.travel; TZ/Region Zadar, Anschrift s. o., Tel. 023/31 53 16, www.zadar.hr
■ Parken siehe S. 31

Auf einer schmalen Landzunge schiebt sich die Altstadt von Zadar (75 000 Einw.) in die Adria. Wer über das antike Pflaster bummelt, durchquert lebhafte Plätze, und begibt sich auf eine spannende Zeitreise: Die Römer hinterließen rechtwinklige Straßenzüge und ein antikes Forum, von den Venezianern zeugen hinge-gen Renaissancepaläste und eine mächtige Stadtmauer mit hübschen Zugängen. An einem Lieblingsort treffen sich alle, Besucher wie Bewohner: an der Uferpromenade, die für zwei einzigartige Kunstinstallationen berühmt ist und vor allem bei Sonnenuntergang bezaubert.

Sehenswert

Stadtmauer

| Festungsmauer |

Die mächtige Stadtmauer (Gradski bedemi) sollte die Republik Venedig ab dem 16. Jh. vor Osmanen und Piraten schützen: Sie umgürtet die Alt-

Plan
S. 30/31

2 Museum für antikes Glas
| Museum |

Das Muzej antičkog stakla hütet bunte Flaschen, Vasen und Krüge aus der Römerzeit. Eine Schauwerkstatt führt in die hohe Kunst der Glasbläserei ein.
■ Poljana Zemaljskog Odbora 1, www. mas-zadar.hr, Sommer tgl. 9–21 Uhr, übrige Zeit verkürzt, Glasbläserei Mo–Sa 10–14 Uhr, 30 HRK, erm. 10 HRK

3 Narodni trg
| Platz |

Auf dem lebhaften Volksplatz trifft man sich in einem der immer gut besuchten Cafés, im Schatten von Renaissance-Palästen, einer barocken Loggia (16. Jh.) und dem Rathaus von 1934.

4 Römisches Forum
| Platz |

Steintafeln und Säulenstumpen auf antikem Pflaster: Reste des römischen

stadt auf fast 3 km Länge, wurde jedoch an vielen Stellen durchbrochen. Seit 2017 gehört sie, als ein Abschnitt des venezianischen Verteidigungssystems in der Adria, zum UNESCO-Welterbe. Vom Festland, auf Höhe der Brücke, führt das Seetor (1573) in die Altstadt hinein; im Osten wacht ein venezianischer Löwe (1543) über das hübsch verzierte Renaissance-Landtor mit seinen drei Bögen, gleich über dem winzigen, malerischen Hafen Foša. Rechter Hand öffnet sich der Trg Pet Bunara (Platz der fünf Brunnen), mit Zisternen, Turm und schattigem Park, den Clubgänger am Abend bevölkern.

ADAC *Mobil*

Die meisten Hotels befinden sich auf der nördlich der Altstadt gelegenen Halbinsel Borik. Mit dem **Stadtbus** (Nr. 5, 8) kommt man von dort zum Busbahnhof, gegenüber der Altstadt auf dem Festland. Tickets gibt es beim Fahrer (10 HRK) oder am Tisak-Kiosk (16 HRK/2 Fahrten). Fahrplan (Engl.): www.liburnija-zadar.hr. In Brückennähe stoppt ein **Touristen-Bimmelzug** (20 HRK). Dort kann man sich auch ein **Fahrrad** leihen (mehrere Abgabestationen; Kreditkarte, www.nextbike.hr).

Forums finden sich direkt neben der trubeligen Fußgängermeile Široka ulica, auch »Kalelarga« genannt. Die »Breite Straße« war zu römischen Zeiten die Ost-West-Achse (Decumanus maximus) der Stadt. Überhaupt stammt das rechtwinklige Straßennetz noch von den Römern.

5 Archäologisches Museum
| Museum |

Der Gebäudeklotz am Forum hütet auf drei Stockwerken antike Fundstücke, die noch von dem illyrischen Stamm der Liburner zeugen, die hier lange vor den Römern siedelten. Spannend im Arheološki muzej ist vor allem die römische Stadtgeschichte: Vieles wurde in unmittelbarer Umgebung, rund um das Forum, gefunden. Beschriftung auch auf Englisch.

■ Trg opatice Čike 1, www.amzd.hr, Juli, Aug. tgl. 9–22, Juni, Sept. 9–21, April, Mai Mo–Sa 9–15, Nov.–März Mo–Fr 9–14, Sa bis 13 Uhr, 40 HRK (inkl. Sveti Donat)

6 Schatzkammer
| Museum |

Die Benediktinerinnen zeigen ihre wertvollen Kirchenschätze ebenfalls am Forumsplatz: Die Sammlung »Zlato i srebro Zadra« (»Gold und Silber von Zadar«) umfasst kostbare Reliefs, Handschriften und filigrane Deckchen aus Goldfäden.

■ Trg opatice Čike 1, Sommer Mo–Sa 10–13, 17–19, So 10–13 Uhr, im Winter verkürzt, 30 HRK

7 Kirche Sveti Donat
| Kirche |

Das Wahrzeichen von Zadar prägt den Forumsplatz

Eine Rundkirche mit drei Apsiden, die bis unters Dach hinaufreichen. Das ist zwar ungewöhnlich, wirkt jedoch sehr harmonisch. Bischof Donatus (Sveti Donat) ließ die Kirche im 9. Jh. errichten. Musikliebhaber schätzen die gute Akustik, die gerne für Konzerte genutzt wird.

■ Rimski forum, www.amzd.hr, Juni, Sept. tgl. 9–21, Juli, Aug. 9–22, April, Mai, Okt. 9–17 Uhr, 20 HRK

8 Kathedrale Sveta Stošija
| Kathedrale |

Die dreischiffige Kathedrale der hl. Anastasia am Forumsplatz gilt als größtes romanisches Gotteshaus (12. Jh.) in Dalmatien, mit gotischer Rosette an der Fassade. Der Bau des freistehenden Glockenturms begann zwar schon im 15. Jh., doch erst im 19. Jh. wurden die oberen Stockwerke – im neoromanischen Stil – vollendet. 150 Stufen führen hinauf und belohnen die Anstrengung mit einem

Top-Ausblick auf das rote Dächergewirr der Altstadt.

■ Kirche: Sommer tgl. 8–18.30, Winter 8–17 Uhr; Turm: Sommer 10–17 Uhr, 15 HRK

⑨ Meeresorgel/ Gruß an die Sonne

| Kunstinstallationen |

Wo die Wellen des Meeres Klänge erzeugen

An der äußersten Spitze der Uferpromenade (»Riva«) hört man ungewohnte Töne: Sie stammen von der Meeresorgel (Morske orgulje), die als weltweites Unikat gilt und längst zum Publikumsliebling avanciert ist. Die Klanginstallation wurde in die hellen Steinstufen der Ufermauer eingelassen. Sie umfasst ein System aus 35 Plastikrohren, die ebenso viele verschiedene Töne erzeugen können. Gesteuert wird die Meeresorgel mechanisch, nur von Wind und Wellen – ganztags, ohne Stopp.

Die Lichtinstallation »Gruß an die Sonne«, direkt nebenan, hat hingegen erst am Abend ihren großen Auftritt. Sie stammt ebenfalls vom Gegenwartskünstler Nikola Bašić. Dabei wurden Hunderte kleiner Solarlichter kreisförmig, mit einem Durchmesser von 22 m, in die Uferpromenade eingelassen. Ab der Abenddämmerung flimmert der Lichtkreis bunt auf und wird zum Spiel- und Bummelplatz. Das Besondere daran: Das Leuchten ist auf den Rhythmus der Meeresorgel abgestimmt!

P Parken

Auf dem großen **Parkplatz nahe der Fußgängerbrücke** (Festland) dürften Sie eher Glück haben als entlang der Stadtmauer (alles gebührenpflichtig).

Restaurants

€€–€€€ | **Konoba Bonaca** Solide Fleisch- und Fischplatten werden in einer ruhigeren Ecke der Altstadt serviert. ■ Trg tri bunara 4, Tel. 023/77 92 62, http://konobabonaca.com, tgl. 11–22.30 Uhr, Plan S. 30/31, b2

€€–€€€ | **Matanovi Dvori** In dem dezent eingerichteten Restaurant mit Terrasse wird vorzüglich gekocht: Das Risotto ist zum Niederknien. ■ Ul. dr. Franje Tuđmana 135, Sukošan (11 km südl. von Zadar, an der Adria-Magistrale), Tel. 023/39 36 01, www.matanovi-dvori.hr, tgl. 9–23 Uhr, Plan S. 30/31, südl. e3

€€€ | **Niko** Köstlicher Fisch mit Meerblick lohnt den Weg in den Stadtteil Borik. ■ Obala kneza Domagoja 9, Tel. 023/33 78 88, www.hotel-niko.hr, So geschl., Plan S. 30/31, nordwestl. a2

 Cafés

Art Kavana Wunderbar verzierte Torten in modernem Interieur. Der Käsekuchen mit feiner Lavendelnote ist ein Geschmackserlebnis. ■ Ul. Bartula Kašica 1, Tel. 023/40 08 00, tgl. 7–23 Uhr, Plan S. 30/31, e1

 Einkaufen

Tržnica Auf dem Bauernmarkt kommen Sie vermutlich kaum umhin, regionale Köstlichkeiten zu probieren: Olivenöl, Pager Käse, Liköre und luftgetrockneten »pršut« (Schinken). ■ Pod Bedemom bb, tgl. ab 7 Uhr bis Mittag, Plan S. 30/31, c1

Maraska Maraschino heißt der klare, bittersüße Sauerkirsch-Likör aus der regionalen Maraska-Kirsche. Er gilt als typisches Mitbringsel aus Zadar! Im fabrikeigenen Laden wird er verkostet.

Hier gibt es auch eine gute Auswahl an weiteren Likören zu erschwinglichen Preisen. ■ Ul. Nadbiskupa Mate Karamana 3, www.maraska.hr, Juli, Aug. Mo–Fr 9–22, Sa 8–12, 17–22, So 9–13, übriges Zeit 9–16 Uhr, Plan S. 30/31, b2

 Kneipen, Bars und Clubs

Ledana Angesagte Lounge-Bar im Königin-Jelena-Park, nachts stimmungsvoll beleuchtet, DJ-Musik. ■ Perivoj kraljice Jelene Madijevke, www.ledana.hr, Sommer tgl. 8–4 Uhr, Plan S. 30/31, e2

The Garden Lounge Schattige Kult-Terrassenbar mit Blick auf die Stadtmauer und köstlichen vegetarischen, veganen und »raw«-Gerichten. In cremeweißen Lounge-Polstern wird zu DJ-Musik gechillt. ■ Liburnska obala 6, www.thegarden.hr, Sommer tgl. 10–1.30 Uhr, Plan S. 30/31, b1

 Kinder

Muzej iluzija Da klebt jemand an der Wand? Das wirkt nur so, wie viele andere optische Täuschungen im Museum der Illusionen. Nicht nur der Nachwuchs wird seinen Augen kaum trauen! ■ Poljana Zemaljskog odbora 2, www.zadar.muzejiluzija.com, Sommer tgl. 9–24, übrige Zeit 10–20/16 Uhr, 60 HRK, erm. 50 HRK, Familien 150 HRK, Plan S. 30/31, d1

ADAC *Wussten Sie schon?*

Als US-Filmregisseur **Alfred Hitchcock** 1964 zu Gast in Zadar war, schwärmte er vom »schönsten Sonnenuntergang der Welt«. Ein großformatiges Fotoplakat an der Riva erinnert heute an den ach so gern zitierten Besucher.

Kurs auf die Insel Pašman, wo viele Festlandbewohner ein Ferienhaus besitzen

7 Die kleineren Inseln vor Zadar

Sie sind weithin unbekannt und gerade deshalb eine Reise wert

Von Zadar fällt der Blick nicht aufs offene Meer, sondern auf eine Inselwelt, die sich vor der Stadt erstreckt. Touristisch recht gut erschlossen im Archipel von Zadar sind Ugljan (S. 34), Pašman (S. 36) und Dugi otok (S. 35), aber auch der Nationalpark Kornaten (S. 45). Doch es gibt auch weniger bekannte Inseln vor Zadar, die Erholung versprechen.

Silba (15 km²), mit dem gleichnamigen, einzigen Inselort (150 Einw.) ist ideal zum Entspannen: Den »toreta«, einen 30 m hohen Turm mit Außentreppe, ließ ein Kapitän für seine junge Geliebte errichten. Die Insel ist für ihre feinkiesigen, seichten Strände bekannt. Die finden erholungssuchende Urlauber auch auf den Nachbarinseln: Olib (140 Einw., 25 km²) bewacht ein 400 Jahre alter Wachturm, die Insel Molat (200 Einw., 22 km²) ist mit Kiefern bewachsen. Wunderbar grün ist auch die Insel Iž (600 Einw., 15 km²): Dort verspricht der 168 m hohe Hügel Korinjak einen schönen Panorama-Blick. Auf vielen Inseln finden sich Überreste aus römischer Zeit.

Verkehrsmittel

Alle bewohnten Inseln sind mit der Fähre an Zadar angebunden, es verkehren auch Ausflugsboote zu Badebuchten. ■ www.jadrolinija.hr, www.gv-zadar.hr, www.miatours.hr

8 Insel Ugljan

Die malerische »Oliveninsel« hat die Hafenstadt Zadar fest im Blick

 Information

■ TZO, Magazin 8, 23273 Preko, Tel. 023/28 61 08, tz.preko.hr

Die grüne, mediterrane Insel Ugljan (51 km², 7500 Einw.) erstreckt sich wie ein längliches Band vor Zadar. In Sichtweite vom Festland liegt Preko (3800 Einw.). Ein paar Natursteinhäuser, Restaurants und Souvenirshops drängen sich rund um den Hafen. Gebadet wird an der lebhaften Promenade, direkt davor erhebt sich das Inselchen Galovac mit Franziskanerkloster, zu dem sichere Schwimmer hinüberkraulen. Der ruhigere Hauptort Ugljan (1000

Gefällt Ihnen das?

Neben Galovac gibt es weitere Klosterinseln in Dalmatien, so z. B. in den **Nationalparks Krka** (Visovac, S. 54) und **Mljet** (Veliko jezero, S. 115).

Einw.), 10 km nordwestlich, lohnt mit dem kleinen Franziskanerkloster Sveti Jeronim einen Abstecher. Von den Sandstränden in der Umgebung ist Muline vielleicht der schönste.
Ursprünglich waren Ugljan und seine südlichere Nachbarinsel Pašman miteinander verbunden. Um den Seeweg von Zadar zu den übrigen Inseln zu verkürzen, wurde die Doppelinsel durchtrennt, eine Brücke verbindet die Inseln seitdem miteinander. Schon die Römer schätzten das Öl, das auf der »Oliveninsel« Ugljan gepresst wird.

Von Zadar aus ist es nur ein Katzensprung bis zu Ugljans Hauptort Preko

Verkehrsmittel

Der **Katamaran** ab Zadar-Altstadt und die **Autofähre** ab Zadar-Gaženica kommen etwa zeitgleich in Preko an (20 Min.). ■ www.jadrolinija.hr

 Wandern

Sveti Mihovil Oberhalb von Preko belohnt die Festungsruine Sveti Mihovil (Hl. Michael) den einstündigen, mittelschweren Aufstieg mit einem Inselwelt-Ausblick! Wasser und Sonnenschutz nicht vergessen!

9 Insel Dugi otok

Die »Lange Insel« besticht mit hohen Klippen und einem Salzsee

 Information

■ TZ Dugi otok, Obala Petra Lorinja bb, 23281 Sali, Tel. 023/37 70 94, www.dugi otok.hr
■ Naturparkverwaltung, Sali, Tel. 023/37 70 96, www.pp-telascica.hr

Der Blick auf die Landkarte verrät sofort, warum sie »Lange Insel« heißt: Dugi otok (1500 Einw., 113 km²) zieht sich über 45 km in die Länge, ist allerdings an seiner breitesten Stelle nur 4 km breit. Üppiges Grün überzieht die Insel, die im Südosten erst mit einem Salzsee aufwartet und dann mit Steilklippen atemberaubend schroff ins Meer abfällt. Skipper umkreisen die winzigen Nachbarinselchen. Im Hauptort Sali (750 Einw.) lässt es sich an hübschen Fassaden rund um den Hafen bummeln, im Bade- und Taucherort Božava (90 Einw.) geht es ein wenig lebhafter zu.

 Sehenswert

Svetionik Veli rat
| Leuchtturm |
Kurios: Für den Bau des 1849 errichteten Leuchtturms Veli rat, an der nordwestlichsten Inselspitze, wurden 100 000 Eigelbe verwendet, um ihn vor Wind und Wellen zu schützen. Die Familie des Leuchtturmwärters vermietet in dem 42 m hohen Leuchtturm Apartments und verkauft Gemüse aus dem eigenen Garten. 183 Stufen führen hinauf, eine Besichtigung ist möglich (direkt vor Ort fragen).
■ Veli rat, Ferienwohnung/Buchung: www.lighthouses-croatia.com

Sakarun
| Strand |
Die Touristenbahn ruckelt von Božava zum flach abfallenden Sand-Kiesstrand Sakarun (auch: Saharun), der im Sommer rappelvoll ist. Einen Tick ruhiger geht es am Kiesstrand Veli žal an der Nordwestküste zu (Badeschuhe!).

Naturpark Telašćica
| Steilklippen |
 Mächtige Steilklippen und ein zauberhafter Salzsee
Steil abfallende, gut 160 m hohe Felsklippen erheben sich im Naturpark Telašćica, der die südliche Inselhälfte einnimmt – ein spektakulärer Anblick. Ganz in der Nähe wird im Salzsee Mir gebadet, einem flach abfallenden See – der unterirdisch mit der Adria verbunden ist – mit hügeligem, schattigem Ufer und Heilschlamm. Das tun auch die Gäste der Ausflugsschiffe, daher wird es hier erst gegen Abend ruhiger. Der Naturpark umfasst insgesamt 13 Inselchen in der Umgebung, südlich davon grenzt

Gefällt Ihnen das?

Sie mögen Salzwasser, aber keine Wellen? Einen Salzsee gibt es auch in **Rogoznica** (S. 59), einen auf der **Insel Lokrum** (S. 112) vor Dubrovnik und einen Doppel-See auf der Insel **Mljet** (S. 115).

unmittelbar der Nationalpark Kornati an. Von Sali sind es knapp 3 km zur Telašćica-Bucht, zu Fuß oder mit dem Fahrrad.

Verkehrsmittel

Autofähre von Zadar-Gaženica nach Bribinj oder **Personenschnellboot** von Zadar-Altstadt nach Božava ■ www.jadrolinija.hr

Events

Saljske užance Höhepunkt des dreitägigen Fischerfestes in Sali, mit viel Musik und Tanz, ist ein Eselrennen (1. Wochenende im Aug.).

Kinder

Tauchkurs Unter deutscher Kursleitung können Nachwuchs-Taucher (ab 10 Jahren) die herrliche Unterwasserwelt entdecken. ■ Tauchschule Božava, Tel. 023/31 88 91, www.bozava.de

10 Insel Pašman

Ursprüngliche grüne Insel mit ruhigen Badebuchten

Information

■ TZO, Mulina 6, 23212 Tkon, Tel. 023/28 52 13, www.tzo-tkon.hr

Auf Pašman (60 km², 3400 Einw.) kommt fast ein wenig Robinson-Crusoe-Stimmung auf: Die Westküste ist wild und zerklüftet, die Insel ursprünglich und grün, mit Feigenbäumen, Rosmarin, Olivenhainen und Rebstöcken. Dazwischen blitzen kleine Weiler mit Natursteinhäusern auf. Pašman ist nicht ganz so belebt wie ihre Nachbarinsel Ugljan, mit der sie durch eine Brücke verbunden ist. Wer zu einer Traumbucht möchte, muss oft einen kleinen Fußmarsch hinlegen – bequemer geht es mit dem eigenen Boot.

Sehenswert

Benediktinerkloster

| Kloster |

Das Benediktinski samostan thront auf dem 95 m hohen Hügel Ćokovac, oberhalb von Tkon. Dicke Wehrmauern umspannen das Kloster, das im 14. Jh. ein bedeutendes Zentrum der Glagoliza war. Panorama-Ausblick! ■ Put Ćokovca 7, Mo–Sa 16–18 Uhr

Verkehrsmittel

Die **Autofähre** von Biograd na Moru setzt in 20 Min. nach Tkon über. ■ www.jadrolinija.hr

Restaurants

€€–€€€ | **Lanterna** Zu Fischgerichten serviert das einladende Lokal an der Uferpromenade Gemüse aus dem eigenen Garten. ■ Pašman 68, Pašman, www.lanterna.hr, tgl. 11–23 Uhr

Einkaufen

OPG Matulić Handgemachte Naturprodukte von der Insel in ansprechendem Design. Ein Hit ist die feurige Chili-Soße. ■ Pašman 2, Pašman, Sommer tgl. 9.30–13.30, 15.30–21.30 Uhr, Facebook: OPG-Matulić

Biograd na Moru

Freundliches Promenaden-Städtchen mit Familienständen

Information

■ TZG, Trg hrvatskih velikana 2, 23210 Biograd na Moru, Tel. 023/38 31 23, www.tzg-biograd.hr

Dass die altkroatischen Könige und Bischöfe ihren Sitz hier hatten, davon ist im modernen Biograd na Moru (5700 Einw.) nicht mehr viel zu spüren. Das (Urlaubs-)Leben pulsiert an der Uferpromenade mit ihren Restaurants, Bars und Eisständen. Skipper schätzen die Marina, Familien die stadtnahen Strände. Vor der Stadt erstreckt sich der Nationalpark Kornati (S. 45), zu dem Ausflugsboote ablegen.

Sehenswert

Heimatmuseum
| Museum |
Die Fracht eines gesunkenen venezianischen Handelsschiffs (16. Jh.) ist nun im Zavičajni muzej der Stadt zu bestaunen: Sehenswert sind vor allem die Amphoren, die das Schiff geladen hatte und die Jahrhunderte lang im Paški kanal auf Meergrund lagen, ehe sie geborgen wurden.
■ Obala kralja Petra Krešimira IV br. 20, www.muzej-biograd.com, Juli, Aug. Mo–Fr 8–14, 19–22, Sa 9–12, 19–22, übrige Zeit Mo–Fr 7–15 Uhr, 20 HRK, erm. 10 HRK

Nach Sonnenuntergang füllen sich die Restaurants an der Riva von Biograd na Moru

Parken

Kostenpflichtige **Parkplätze** stehen an der **Marina** (10 HRK/Std.), an der **Ufer-promenade** und in **Strandnähe** zur Verfügung.

 Restaurants

€€ | **Bistro Europa** Karierte Tischdecken, bunte Retro-Stühle und Krimskrams an den Wänden. Die saftigen Steaks werden auf Holzbrettern serviert. ■ Obala kralja Petra Krešimira IV br. 12, Tel. 023/38 39 31, Facebook: Bistro Europa, tgl. 11–24 Uhr

 Kinder

Fun Park Riesenrad, Achterbahn und Piratenschiff (Badesachen einpacken!)

lassen Kinderherzen in diesem recht neuen Freizeitpark höherschlagen.
■ X. Jankolovački put 9 (3 km südlich), www.funparkbiograd.com, Mitte Juni–Mitte Aug. tgl. 15–23 Uhr, Vor-/Nachsaison nur Fr–So, Einzelfahrten 25/35 HRK; Tageskarte (1–4 Pers.) 160–520 HRK; Parken 20 HRK

12 Naturpark Vransko jezero

 Natursee mit Schilfufern und sanften Hügeln

i **Information**

■ Prirodni park Vransko jezero, Infopunkte s. unter Sehenswert, www.pp-vransko-jezero.hr, Eintritt April–Okt. 20 HRK, erm. 10–15 HRK, unter 7 Jahre frei

Im Blickpunkt

Südliche Fischküche und sonnenverwöhnter Wein

Mediterrane Küche prägt Dalmatien: Fisch, Meeresfrüchte, viel Gemüse – am liebsten aus dem eigenen Garten oder vom lokalen Bauernmarkt – gehören dazu. Das Ganze wird mit hochwertigem Olivenöl abgeschmeckt. Gegrillter Fisch (»riba na gradele«) mit Mangold (»blitva«) gilt als Klassiker. Traditionelle Gerichte werden in einer »konoba« serviert, einer familiengeführten Taverne. Nicht nur Fisch kennt man in Dalmatien: Pasticada, den mit Rotwein marinierten »Sonntagsbraten« aus Rindfleisch sollten Sie unbedingt probieren! Etwas Besonderes sind auch traditionelle Peka-Gerichte (»pod pekom«): Lamm, Kalb oder Tintenfisch werden stundenlang unter der Schmorglocke in der Glut gegart. Peka-Gerichte müssen immer vorbestellt werden! Jede Region hat jedoch ihre eigenen Spezialitäten: Im Neretva-Delta kommen Aal und Frösche in den Fischtopf »Neretvanski brudet«, auf der Insel Hvar gehören gar sieben Fischarten in eine echte »Hvarska gregada«. Hoch geschätzt werden Austern aus der Bucht von Ston auf der Halbinsel Pelješac. In Dalmatien gibt es eine Vielfalt an Weinsorten: Die besten Rotweine stammen vom Weinberg Dingač auf Pelješac, etwa Plavac mali, ein Verwandter des Primitivo, oder die Sorte Babić aus Primošten. Unter den Weißweinen ist Pošip (Korčula, Hvar und Pelješac) schon seit Römerzeiten berühmt.

Kroatiens größter natürlicher See Vransko jezero (30 km², Vrana-See) erstreckt sich zwischen Zadar und Šibenik parallel zur Adria. Ein schmaler Landstrich, durch den die Küsten-Magistrale verläuft, trennt den See vom Meer. Süß- und Salzwasser vermischen sich durch unterirdische Quellen und einen Kanal. Gut 100 000 Vögel überwintern in der Naturoase. Der Naturpark (57 km²) umfasst neben dem Gewässer auch eine malerische Umgebung, die sich gut mit dem Fahrrad erkunden lässt. Im Sommer wird eine Öko-Taxe fällig, in einem der drei Infozentren Kamenjak, Prosika oder Crkvine (ausgeschildert).

 Sehenswert

Lehrpfad am Vrana-See
| Vogel-Lehrpfad |
Im Nordwesten des Sees, beim Infopunkt Crkvine, wachsen Binsen und Schilf. Ein recht neuer, 450 m langer Lehrpfad auf Holzplanken führt an Infotafeln vorbei, die über die 256 Vogelarten im Ornithologischen Reservat des Sees informieren. Die Parkverwaltung organisiert auch individuelle Vogelbeobachtungen (1–4 Pers., 1000 HRK/5 Std.).

Vidikovac Kamenjak
| Aussichtspunkt |
Den schönsten Panorama-Blick auf den See und die winzigen Inseln des Kornaten-Archipels hat man vom Info- und Aussichtspunkt Kamenjak an der hügeligen Nordseite. In einem alten Natursteinhaus werden Schinken, Käse und Wein serviert. Die schmale Straße ist mit dem Auto befahrbar. Auf der Aussichtsplattform mit Ruhebänken lässt es sich gut picknicken.

Info centar Prosika
| Infozentrum |
Der südlichste Infopunkt ist in einem Fischerhaus (19. Jh.) untergebracht, mit winzigem Bootshafen und Vogel-Beobachtungssitz. Der 800 m lange Kanal nebenan verbindet den See mit der Adria: Er wurde 1770 ausgehoben, um den Wasserspiegel zu senken, dadurch konnte Sumpfgebiet im Norden in Weideland umgewandelt werden.

 Sport

Der 50 km lange **Radrundweg** umkreist den See, im Norden wird es steiler. Reichlich Getränke mitnehmen, wenig Schatten. Fahrrad- und E-Bike-Verleih (Prosika und Crkvine): 20/40 HRK, am Infopunkt Prosika werden auch Kajaks (40 HRK/Std.) vermietet.

 In der Umgebung

Pakoštane
| Ort |
Der reizende kleine Badeort (4200 Einw.) zwängt sich auf den engen Landstrich zwischen dem Vrana-See und der Adria: Enge Gassen laden zum Bummeln ein. Die flach abfallenden Strände Punta und Janice sind Lieblings-Badeplätze vieler Familien. Sportler haben den Ort zum Windsurfen und Kajakfahren entdeckt.

Pirovac
| Ort |
Vom Südende des Vrana-Sees sind es noch 4 km bis zum früheren Fischerdörfchen Pirovac, mit Resten einer Wehrmauer (16. Jh.), steinernem Stadttor und engen Gassen. Östlich des Zentrums ist der Kiesstrand Makirina mit Heilschlamm sehr beliebt.

Übernachten

In der Altstadt von Zadar gibt es stilvolle Boutiquehotels, aber auch gehobene Apartments und Gästehäuser – die im Sommer jedoch ihren Preis haben. Parkplätze sind bei solchen Unterkünften oftmals einen kurzen Spaziergang entfernt oder überhaupt nicht vorhanden. Die meisten Hotels befinden sich auf dem Festland von Zadar, im Stadtteil Borik. Rund um die flachen Sandlagunen von Nin und dem benachbarten Zaton gibt es mehrere Strandresorts, die gerne von Familien gebucht werden. Sparen lässt es sich in inhabergeführten kleinen Hotels und Pensionen. Wer spät landet oder früh abfliegt, findet in Sukošan, südlich von Zadar und in Flughafennähe, ein nahes und erschwingliches Zimmer oder eine Pension. Die Inseln vor Zadar bieten viel Ruhe, hier wird traditionell in Privatzimmern und Ferienwohnungen übernachtet, Hotels gibt es nur wenige.

Plitwitzer Seen 18

€€ | Hotel Degenija Komfortable, geschmackvolle Zimmer, Außenpool und empfehlenswerte Küche aus der Region. 5 km vom Parkeingang entfernt. ■ Selište Drežničko 57 a, 47245 Rakovica, Tel. 047/78 21 43, www.hotel-degenija.com

Starigrad–Paklenica 20

€ | Pansion Kiko Nette, modern eingerichtete Zimmer mit Meerblick-Balkon, freundlichen Vermietern und gutem Essen. ■ Ul. Ante Starčevića 5 a, 23244 Starigrad-Paklenica, Ortsteil Seline, Tel. 023/36 97 84, www.pansion-kiko.com

€€€ | Bluesun Hotel Alan In dem hübsch modernisierten Strandhotel mit Pool übernachtete die Winnetou-Filmcrew, als es noch ein Motel war. Das Winnetou-Museum gehört zum Gebäudekomplex. ■ Ul. dr. Franje Tuđmana 14, 23244 Starigrad-Paklenica, Tel. 023/20 90 50, www.bluesunhotels.com

Zadar und Umgebung 28

€ | Pansion Bepo Stammgäste auf dem Weg nach Süden und Flugreisende übernachten gerne in den geräumigen Zimmern gegenüber der Marina Sukošan. Empfehlenswertes Terrassenlokal, großer Parkplatz im Hof, 15 Automin. vom Flughafen Zadar. ■ Ul. dr. Franje Tuđmana 43, 23206 Sukošan, Tel. 091/535 45 57

€ | Pansion Marco Polo Familiäres Gästehaus mit Restaurant und kostenlosen Parkplätzen, in Strandnähe. Wird gerne für die Durchreise genutzt. ■ VI. Ulica br. 2, 23231 Petrčane, Tel. 023/36 40 32

€ | Pansion Matanovi Dvori Das bekannte Restaurant direkt an der Adria-Magistrale in Sukoštane vermietet im 1. Stock modernisierte und geräumige Balkonzimmer. Unbedingt mit saniertem Badezimmer buchen! Gut für eine Zwischenübernachtung. Parkplatz davor, vom Flughafen Zadar sind es rund 15 Automin. ■ Ul. dr. Franje Tuđmana 131, 23206 Sukoštan, Tel. 023/39 36 01, www.matanovi-dvori.hr

€€ | Mediteran Freundliches kleines Hotel mit Swimmingpool und Garten, 4 km von der Altstadt entfernt. Kein Lift. ■ Put Matije Gupca 19, 23000 Zadar, Tel. 023/ 33 75 00, www.mediteran.hr

€€ | Tinel B&B Premium Edition Gut für einen City-Trip ohne Auto: stilvolle Zimmer mit Parkett im 3. Stock eines Altstadthauses; gehört zum Restaurant im Erdgeschoss. Kein Lift, keine Parkplätze. ■ Ulice don Ive Prodana 2, 23000 Zadar, Tel. 098/975 71 30, http://tinelzadar.com

€€–€€€ | Zaton Holiday Resort Weitläufige, familienfreundliche Ferienanlage am Strand mit großer Pool-Landschaft. Kinderanimation und mehrere Restaurants. ■ Dražnikova 76 t, 23232 Zaton (bei Nin), Tel. 023/28 02 11, www.zaton.hr/de

€€€ | Falkensteiner Family Hotel Diadora All-Inclusive-Strandresort (250 Zi.) für Familien: Große Kinder knüpfen bei der Teenie-Disco Kontakte, die Kleinen vergnügen sich im Pool-Piratenschiff oder im beliebten Streichelzoo. ■ Punta Skala, 23231 Zadar, Tel. 023/55 56 00, www.falkensteiner.com

Biograd na Moru 37

€ | Villa Meduza Das familiäre Hotel in einer ruhigen Seitenstraße von Biograd na Moru bietet klassische, saubere Zimmer ohne Schnickschnack zu fairen Preisen. Zu den Stränden und ins Zentrum sind es 10 Min. zu Fuß. ■ Augusta Šenoe 24, 23210 Biograd na Moru, Tel. 023/38 40 25, www.hotelmeduza.com

€€–€€€ | Hotel IN Modernes Design, Lounge-Bereiche und Dachterrasse mit Whirlpool sorgen für gepflegte Erholung, vom Hotel genießt man den Blick auf die Marina. Strand und Zentrum liegen in der Umgebung. ■ Šetalište kneza Branimira 32, 23210 Biograd na Moru, Tel. 023/38 57 00, www.hotelin-biograd.com

ADAC *Das besondere Hotel*

1001-Nacht-Flair im Hinterland! Das **Hotel Maškovića Han**, eine türkische Karawanserei, wurde 1644 im traditionell osmanischen Stil erbaut. Am Nordende des Vrana-Sees gelegen, sollte sie ursprünglich dem türkischen Wesir Jusuf Mašković als Residenz dienen, was dieser jedoch nicht mehr erlebte. Die Karawanserei wurde nie fertiggestellt und erst vor wenigen Jahren mit EU-Geldern als Hotel weitergebaut. Auto-Anreise empfohlen, sehr abgeschieden! Radverleih.
€€ | Heritage Hotel Maškovića Han, Marina 1, 23211 Pakoštane, Ortsteil Vrana, Tel. 023/33 32 30, www.maskovicahan.hr

Norddalmatien: rund um die Festungsstadt Šibenik

Ruhige Inseln, alte Festungen, tosende Wasserfälle und das bezaubernde Šibenik laden zu Entdeckungsreisen ein

Der südliche Abschnitt Norddalmatiens, rund um die aufstrebende alte Königsstadt Šibenik, glänzt mit zwei Nationalparks, ursprünglichen Inseln, lebhaften Badeplätzen und einem hügeligen, ruhigen Hinterland. Sobald die Luft im Frühjahr milder wird, umschiffen unzählige weiße Segelboote die versprenkelten Eilande im Kornati-Archipel. Doch nicht nur die Kornati prägen diesen Küstenabschnitt: Im Archipel von Šibenik gibt es noch weitere Inseln zu entdecken, in denen alte Natursteinhäuser über Fischerboote in kleinen Häfen wachen. Mit der Fähre kommt man bequem auf alle bewohnten Inseln. Skipper mit eigenem Boot steuern gerne durch die tiefe Meeresbucht von Šibenik an der Altstadt vorbei, die mit eleganter Kathedrale und herausgeputzten Festungen grüßt; weiter geht es den Fluss Krka hinauf, unter der imposanten Bogenbrücke Šibenski most hindurch, Teil der Adria-Magistrale. In dem malerischen Städtchen Skradin wird geankert (oder geparkt), die meisten Besucher haben hier nur ein Ziel: den Nationalpark Krka mit seinen terrassenförmigen Wasserfällen, über die der gleichnamige Fluss Krka stürzt. Wer mit dem Auto unterwegs ist, kann das Hinterland mit orthodoxem Kloster oder mächtiger Festungsruine in Knin entdecken. Zurück am Meer, rundet ein Bummel durch das malerische Primošten einen Besuch in diesem Küstenabschnitt ab.

In diesem Kapitel:

ADAC Top Tipps:

4 **Šibenik**
| Stadtbild |
Ganz große Baukunst: Die drittgrößte Stadt Dalmatiens weiß mit ihren drei Festungen über der Altstadt, einer im Meerkanal, sowie einer eleganten Kathedrale zu beeindrucken. 46

Nationalpark Krka

| Landschaft |

Rauschende Wasserfälle, Kaskaden und Klöster: In einem der schönsten Nationalparks Kroatiens gibt es viel zu entdecken.

ADAC Empfehlungen:

 Nationalpark Kornati

| Landschaft |

Ausflugsboote tuckern im Sommer durch den Archipel mit seinen kargen, rauen Inseln.

 Sokolarski centar, Dubrava

| Falknerei |

Ein majestätischer Anblick: wenn die großen Raubvögel über einem ihre Kreise drehen.

 Kloster Krka (Sveti Aranđelovac)

| Kloster |

Der Apostel Paulus soll in diesem Kloster gepredigt haben.

 Festung Knin

| Burgruine |

Von der Festungsanlage genießt man einen fantastischen Blick über die Stadt und das Umland.

Hotel Roški slap, Nationalpark Krka

| Hotel |

Nächtigen in traumhafter Lage: direkt an den Wasserfällen.

Seit 1980 stehen sie unter besonderem Schutz: die Inseln im Nationalpark Kornati

13 Insel Murter

Badeinsel, auf der heute noch die traditionellen Holzboote gebaut werden

ℹ **Information**

■ TZO, Rudina bb, 22243 Murter (Ort), Tel. 022/43 49 95, www.tzo-murter.hr

Eine »richtige« Insel ist Murter (18 km², 5100 Einw.) eigentlich nicht, vielmehr ist sie mittels einer kurzen Drehbrücke (38 m) ans Festland angebunden. Auf beiden Seiten der Brücke erstreckt sich der charmante Ort Tisno mit einer Handvoll Restaurants, dalmatinischer Gemütlichkeit und – was gar nicht so recht passt – mehreren internationalen Elektromusik-Festivals im Juli und August. Ansonsten gehört die Insel im Sommer den Badeurlaubern und Segelcrews. Die mit Macchia bewachsene, hügelige Insel säumen schöne und im Sommer gut besuchte Buchten und Strände. Skipper schätzen die Insel für ihre Marinas in den Orten Murter, Betina und Jezera. Murter gilt als »Sprungbrett« für Touren auf die rund 9 Seemeilen entfernten Kornaten, hier starten viele Ausflugsboote in den eindrucksvollen Archipel.

Zu den schönsten Stränden gehören die Heilschlamm-Bucht Uvala Makirina am Ende der Bucht bei Tisno, der Strand Podvrške auf einer winzigen, schattigen Halbinsel östlich von Murter sowie der Strand Cigrada in einer Bucht südlich von Murter (Ort).

Sehenswert

Museum für lokalen Holzschiffbau
| Museum |

Das Muzej betinske drvene brodogradnje erinnert mit Videos, Lernspielen und Miniaturmodellen daran, dass es in Betina früher 25 Werften für die inseltypischen »Gajeta«-Holzboote gab. Im Museumsshop lohnen die handgemachten Inselsouvenirs einen Blick.

 Vladimira Nazora 7, Betina, Tel. 022/43 41 05, www.mbdb.hr, Juli, Aug. tgl. 10–22, Juni, Sept. Mo–Sa 9–21, Okt.–Mai Mo–Fr 9–15, Sa 9–12 Uhr, 30 HRK, erm. 20 HRK, unter 7 Jahre frei

Verkehrsmittel

Öffnung der Drehbrücke in Tisno: jeweils um 9 und 17 Uhr. Autos müssen dann 30 Min. warten!

Restaurants

€ | **Konoba Stari mlin** Einfach, aber gut: In der alten Ölmühle am malerischen Hafenplatz von Betina werden winzige Fische gebraten, dazu passt eine »bevanda«, Wein mit Wasser. Trg na moru bb, Betina, Tel. 095/355 37 95, Juni–Sept. tgl. 11–23, Nebensaison 18–23 Uhr

€€€ | **Tic Tac** Bei Segelcrews beliebtes Terrassenlokal, in dem Fisch modern serviert wird. ■ Hrokešina 5, Murter (Ort), Tel. 022/43 52 30, tgl. 12–23 Uhr

14 Nationalpark Kornati (Kornaten)

(6) *Versprenkeltes Segelrevier mit 150 zumeist unbewohnten Inseln*

ℹ Information

■ Nationalparkverwaltung Kornatski otoci, Butina 2, 22243 Murter, Tel. 022/43 57 40, www.np-kornati.hr

Anker lichten und ab zum Segeltörn: Knapp 150 Inseln, Eilande und Riffe umfasst der Kornaten-Archipel (Kornati), der sich auf der Höhe von Zadar bis Šibenik in der Adria erstreckt. 89 karge und schattenlose Inseln haben Nationalpark-Status (220 km²). Die meisten Eilande gruppieren sich rund um die Hauptinsel Kornat (32 km²) und sind – wenn überhaupt – nur im Sommer bewohnt: Dann öffnen die Wirte ihre Fischrestaurants und Skipper vertäuen ihre Segelboote davor. Überhaupt gilt der Archipel als eines der schönsten Segelreviere Europas! Taucher schätzen die Unterwasserwelt im Nationalpark. Die meisten Eilande gehören übrigens den Bewohnern der Nachbarinsel Murter: Diese nutzten sie als Weideland für ihre Schafe, heute grasen nur noch etwa 2000 Tiere dort – längst schon hat man sich dem Tourismus zugewandt.

Verkehrsmittel

Die meisten **Ausflugsschiffe** starten in Murter; Anbieter gibt es auch in Šibenik, Biograd na Moru, Zadar und anderen Küstenorten. Der Ausflugspreis (ab 250 HRK) umfasst oftmals auch ein »Fischpicknick«.

⚽ Sport

Tauchen ist im Nationalpark nur mit Sonderlizenz möglich, eine Tauchschule gibt es z. B. auf der Nachbarinsel Dugi otok ■ Kornati diving, Zaglav 15, Sali, Dugi otok, Tel. 091/367 95 06, www.kornati-diving.com, ab 200 HRK

Segelschulen gibt es in einer der drei Marinas (Murter, Betina, Jezera). In Betina haben sich auch Bootsverleiher niedergelassen, z. B. Reiseagentur Amfora, Branimirova 7, Tel. 091/507 84 09, www.murter-amfora.com.

15 Šibenik

Alte Festungsstadt und mittelalterliches Juwel an der Adria

![Altstadt von Šibenik]

Gleich vier Festungsanlagen schützten einst die beeindruckende Altstadt von Šibenik

ℹ Information

■ TIC/Stadt Šibenik, Obala palih omladi-naca 3, 22000 Šibenik, Tel. 022/21 44 11, www.sibenik-tourism.hr
■ TZ/Region Šibenik, Fra Nikole Ružića bb, 22000 Šibenik, Tel. 022/21 90 72, www.dalmatiasibenik.hr
■ Parken: siehe S. 49

Stadt der Treppen, Kirchen und der Festungsanlagen

Die Altstadt von Šibenik (45 000 Einw.) schmiegt sich mit verwinkelten Treppengassen, Renaissance-Palästen und Bürgerhäusern an einen Hang. Oberhalb der befahrbaren Uferpromenade (»Riva«) thront die Kathedrale Sveti Jakov. Dahinter erstreckt sich die zentrale Fußgängerachse Ulica kralja Tomislava, die kleine Läden und Cafés säumen. Was von der Uferpromenade wie das offene Meer wirkt, entpuppt sich auf der Landkarte als eine tiefe Bucht, in die sich der Fluss Krka aus dem Hinterland ergießt. Genau gegenüber der Altstadt sticht der schmale Kanal Sveti Ante aus der Bucht ins offene Meer hinaus. Diesen natürlichen Schutz der Stadt verstärkt die seit 2017 UNESCO-gekrönte venezianische Festung Sveti Nikola, mitten im Kanal. An Land bewachen drei weitere Fes-

Plan
S. 49

👁 **Sehenswert**

① Kathedrale Sveti Jakov
| Kathedrale |

Die dreischiffige Kathedrale des hl. Jakob (Sveti Jakov) zählt zum UNESCO-Welterbe und ist ein Unikum: Sie besteht komplett aus hellem Kalkstein, keine sonstigen Materialien wurden in ihr verarbeitet – weder Bauholz noch Bindemittel. Auch das mächtige Kuppeldach wird einzig von den mächtigen Steinblöcken getragen! Ein Highlight sind die 71 Bürgerköpfe, die die Außenmauer der Kathedrale wie ein Steinband umgürten. Bis das eindrucksvolle Bauwerk 1536 fertig war, sollte allerdings über ein Jahrhundert vergehen: Im gotischen Stil begonnen, ruhte der Bau infolge von Baumängeln lange, ehe die Kathedrale im Stil der venezianischen Renaissance schließlich fertiggestellt wurde. Vor dem Hauptportal erinnert ein Denkmal von Ivan Meštrović (siehe Kasten S. 58) an den berühmten dalmatinischen Bildhauer und Baumeister Juraj Dalmatinac (1410–1473), der maßgeblich an der Errichtung mitwirkte.

② Stadtloggia
| Fassade |

Die Renaissance-Stadtloggia (Gradska loža, 16. Jh.) mit ihrem eleganten Säulengang zieht die Blicke an der Ostseite des Kathedralenplatzes auf sich. Wo früher Urteile verlesen wurden und sich die Stadtväter versammelten, trifft man sich heute auf einen Cappuccino oder zum Abendessen.
■ Trg Republike Hrvatske 3

tungen die 1066 erstmals erwähnte Stadt. Mithilfe von EU-Geldern sind die eindrucksvollen Festungen nun aus ihrem Dornröschenschlaf erwacht. Bislang galt die elegante, ebenfalls UNESCO-geadelte Kathedrale Sveti Jakov als Besuchermagnet, eine von etwa 30 Kirchen in der Stadt. Nun hat die touristische Infrastruktur von Šibenik generell aufgeholt: Am recht neuen Stadtstrand Banj wird gebadet, die ehemalige Militärhalbinsel am Kanal Sveti Ante zieht Mountainbiker und Spaziergänger an, und gleich mehrere komfortable Altstadt-Hotels machen aus Šibenik einen Ort, in dem man gerne ein paar Tage entspannt.

Stadtmuseum
| Museum |

Hinter der Apsis der Kathedrale versteckt sich in einem engen Durchgang der Eingang ins moderne Muzej grada Šibenika: Im Inneren überraschen antike Keramik, Schmuck und Musikinstrumente. Das Museum nimmt einen Teil des früheren Fürstenpalastes ein, der sich entlang der Uferpromenade zieht und von zwei Ecktürmen flankiert wird.
■ Gradska vrata 3, www.muzej-sibenik. hr, Sommer Mo–Fr 8–20, Sa, So 10–20, Winter Mo–Fr 8–17, Sa 10–15 Uhr, 30 HRK

 Festung Sveti Mihovil
| Festung |

Steile Treppengassen führen zur Festung des Stadtpatrons Sveti Mihovil (hl. Michael) hinauf: Als »Keimzelle« der Stadt thront das Bollwerk 70 m hoch über dem roten Dächergewirr. Vermutlich befand sich eine ältere Festung an dieser Stelle, die noch von den Illyrern stammte und ab dem 11. Jh. ausgebaut wurde. Der Grundriss wirkt wie ein verschobenes Rechteck. Lange militärisch genutzt, wurde die Festung erst vor wenigen Jahren komplett saniert, abends wird sie für Konzerte genutzt. Von der Festung zieht

ADAC *Mobil*

Die **autofreie Altstadt** von Šibenik lässt sich gut zu Fuß erkunden, allerdings geht es treppauf und treppab – was mit Kinderwagen oder Gehhilfe einige Umwege abverlangt. Eine **Nextbike-Fahrradstation** befindet sich am Anfang der Uferpromenade (www.nextbike.hr). Vom Busbahnhof zur Fähre in der Altstadt ist es nur ein kurzer Fußweg.

sich ein Teil der alten Stadtmauer bis zum Meer hinab.
■ Jan., Feb. tgl. 9–16, März, Okt. 10–18, April, Mai, Sept. 9–20, Juni–Aug. 9–22 Uhr, 50 HRK, erm. 30 HRK, unter 5 Jahre frei, Eintrittsticket ist auch für Festung Barone gültig

 Festung Barone (Šubićevac)
| Festung |

Die makellos erneuerte venezianische Festung hoch über der Stadt ist etwas für Multimedia-Fans: Am Eingang leiht man sich ein Tablet und erlebt die Geschichte in Form von »erweiterter Realität«, mit visuellen und akustischen Zusatzinformationen (auch auf Deutsch). Benannt ist die 1646 erbaute Festung nach Baron Degenfeld, einem venezianischen Heerführer, der die Stadt vor Türkenangriffen aus dem Hinterland schützen sollte.

Mit dem Auto gelangt man über die städtische Umgehungsstraße Srednja magistrala zur Festung (wenige, jedoch kostenlose Parkplätze unterhalb), ab der Festung Sv. Mihovil sind es etwa 10 Gehminuten hinauf.
■ Put Vuka Mandušića 28, www.barone. hr, Juni–Aug. tgl. 9–22, April–Mai, Sept. 9–20, übrige Zeit 9/10–16/18 Uhr, 50 HRK, erm. 30 HRK, Kombiticket mit Sv. Mihovil

 Festung Sveti Ivan
| Festung |

Verwunschen und lange Zeit vergessen war die Johannes-Festung (Sveti Ivan). Von der Nachbarfestung Barone, die zur selben Zeit entstand, sind es nur wenige Minuten Fußweg hinauf: Auf 115 m Meereshöhe öffnet sich ein schöner Ausblick über die Stadt – derzeit allerdings nur vom Plateau vor der Festung aus, da der Bau restauriert wird. Als ein Drehort der US-Fantasy-serie »Game of Thrones« zieht das Fort schon länger Besucher an.

■ Ul. Sedmog kontinenta 27, Anfahrt s. Festung Barone

P Parken

Begehrt sind die **Parklücken an der Uferpromenade** (10 HRK/Std., 7–23 Uhr, Plan S. 49, 2a und 3a-c) und der **Parkplatz am Busbahnhof** (mit Rampe, 0–24 Uhr, Plan S. 49, östl. c3). Westlich der Altstadt kann man sein Glück am Strand »**Plaža Banj**« (Schild) versuchen (Prilaz tvornici 35, S. 49, westl. a1).

♨ Restaurants

€ | Buffet Šimun Heimische Küche, z. B: Rinderschmorbraten Pašticada; günstige Mittagsgerichte (»marenda«).■ Fra Jeronima Milete 17, Tel. 022/21 26 74, Mo–Sa 7–22 Uhr, Plan S. 49, östl. c3

€–€€ | She Bio-Bistro Glutenfrei, bio, vegan: Das Lokal geht auf die Bedürfnisse seiner Gäste ein. Auf der Dachterrasse kann man einen Sundowner einnehmen. ■ Zlarinski prolaz 2, Tel. 022/21 59 57, www.shebenik.com, tgl. 10.30–21.30 Uhr, Plan S. 49, c3

€–€€ | Stari grad Unprätentiöses kleines Restaurant direkt an der Riva. Sehr zuvorkommende Bedienung und moderate Preise. Tipp: Risotto! ■ Obala dr. Franje Tuđmana 7, Tel. 022/21 28 64, tgl. 9–23 Uhr, Plan S. 49, c3

☕ Cafés

Bistro Barone Genussvoll begleiten lässt sich der Sonnenuntergang auf der Festung Barone: Ein Glas Wein vom regionalen Winzer, dazu Rohschinken (»pršut«), Käse und dezente Musik. ■ Put Vuka Mandušića 28, Sommer tgl. 9–22, Winter 9–20 Uhr, Plan S. 49, westl. a1

Einst Bollwerk gegen die Osmanen: die Festung Sveti Nikola an der Krka-Mündung

Srednjevjekovni samostanski mediteranski vrt Sv. Lovre Auf der Terrasse des mediterranen Klostergartens hl. Laurentius (Sveti Lovro) schlürft man seinen Cappuccino zwischen blühenden Rosen und aromatischen Wildkräutern. Zugang über eine Treppengasse in Richtung Festung Sv. Mihovil (beschildert). ■ Strme stube 1, Tel. 022/ 21 25 15, www.sv-lovre.com, Sommer tgl. 9–23 Uhr, Plan S. 49, b2

 Einkaufen

Dida Boža Feigenmarmelade mit Orangen- oder Schokoladennote in Bio-Qualität. ■ Mesarske stube 2, www. didaboza.hr, Mo–Sa 9–20 Uhr, Plan S. 49, c3
Koke Design Originelle Kleider, Taschen und Schals von kroatischen Designern in der Altstadt. ■ Stube Petra Kaera 2, Mo–Fr 9–21 Uhr, Plan S. 49, b3

 Konzerte

Die Festung Sv. Mihovil ist eine Traumkulisse für Open-Air-Konzerte. ■ http:// svmihovil.sibenik.hr, Plan S. 49, a1

 Kneipen, Bars und Clubs

Am Ende der Riva treffen sich die Einheimischen gerne in einem von mehreren Straßencafés von früh bis spät (Plan S. 49, b2).

 Kinder

Solaris Aquapark Knallbunte Rutschen und Wasserfontänen machen nicht nur den Kleinen Spaß. Im nachgebildeten Ethno-Dorf, mit Wassermühle, Natursteinhäusern und Restaurant, wartet schon duftendes Brot aus dem Holzofen. ■ Solaris 86, Šibenik, Tel. 022/26 10 01, www.aquapark-dalmatia.

com, Aquapark: tgl. 9–20 Uhr, 110 HRK, erm. 80 HRK, unter 90 cm frei; Restaurant: 10–23 Uhr (Reservierung empfohlen), Plan S. 49, südl. c3

Međunarodni dječji festival Bei dem Internationalen Kinderfestival gehört die Stadt zwei Wochen lang dem Nachwuchs: Zahlreiche Veranstaltungen, darunter Theater, Puppenspiele und Musik (2. Junihälfte). ■ www.mdf-sibenik.com

✹ Erlebnisse

 Falknerei Verletzte Falken, Geier und Eulen werden im Sokolarski centar aufgepäppelt und nach Möglichkeit wieder ausgesetzt. Vorführungen für Besucher finanzieren den Erhalt des Öko-Zentrums samt Falknerei: So nah kommt man den beeindruckenden Vögeln selten! ■ Škugori bb, Dubrava (6 km von Šibenik), www.soko larskicentar.com, März–Okt., Juli, Aug. tgl. 9–21 Uhr, übrige Zeit verkürzt, 45 HRK, erm. 35 HRK

ADAC *Mittendrin*

Mehr dalmatinisches Lebensgefühl geht kaum: Wenn man Glück hat, singt gerade eine »klapa«, ein dalmatinischer A-capella-Männerchor in einer engen Gasse in der Altstadt von Šibenik. In den sentimentalen Liedern der berühmten **Klapa-Gesänge** geht es meist um die Liebe, die Heimat und das Meer. Falls gerade niemand spontan singt: Jeden Donnerstagabend im Sommer treten Klapa-Chöre auf dem Hauptplatz von Šibenik auf. Oder aber Sie fahren gleich zum berühmten Klapa-Festival nach Omiš (S. 88).

In der Umgebung

Šetnica Svetog Ante
| Panoramaweg |

Ein schöner Spazier- und Radweg führt über die früher militärisch genutzte Halbinsel, hoch über dem Kanal Sveti Ante. Hauptattraktion ist der unverstellte Panoramablick auf die Altstadt von Šibenik, genau auf der gegenüberliegenden Seite der Bucht! Am Ende des Wegs steigt man zur Festung Sveti Nikola hinunter.

■ 8 km von Šibenik, südlich in Richtung Zablaće/Solaris halten, Zugang über die Bucht Škar (Beschilderung, Parkplätze), www.kanal-svetog-ante.com

Festung Sveti Nikola
| Festung |

Die vierte Festung im Bunde wacht mit ihren Schießscharten über den strategisch wichtigen Kanal Sveti Ante und wird von der Adria umspült. Als Teil des venezianischen Befestigungssystems gehört sie seit 2017 zum UNESCO-Weltkulturerbe. Die Festung wird zurzeit saniert und ist nur von außen zu besichtigen. Ein aufgeschütteter Steinpfad führt durch das Meer.

■ Anfahrt siehe Spazierweg Sveti Ante (Šetnica Svetog Ante)

Vodice
| Ort |

Vodice (6700 Einw.), 12 km nordwestlich von Šibenik, lebt von Sommertouristen, die gerne feiern und trubeliges Strandleben mögen: Am rappelvollen Kiesstrand Plava plaža wird an Sommertagen gebadet; an Souvenirgeschäften, Restaurants und Bars vorbei, lässt es sich durch enge Straßen bummeln. Die Abende dauern hier länger als anderswo! Wer am nächsten Mor-

ADAC *Mobil*

Staus, Baustellen und Verkehrs-
lage? Der kroatische Automobil-
klub Hrvatski automobilni klub
(HAK) informiert auf seiner Website
(www.hak.hr) oder via mobile App
»Croatia Traffic Info« (Google Play,
iTunes App Store). Schalten Sie
auch das Autoradio ein: Der Kroatische Rundfunk HR2 sendet im
Sommer **Verkehrsinformationen**
in deutscher Sprache (Juni–Sept.
jede Std. von 8.30–21.30 Uhr).

gen munter ist, kann einen Ausflug auf
die Kornaten planen oder auf die Inseln vor Šibenik übersetzen, z. B. nach
Prvić (s. S. 52).

■ TZG, Obala Vladimira Nazora bb, 22211
Vodice, Tel. 022/44 38 88, www.vodice.hr

16 Archipel von Šibenik

Wer sich für Schwammtaucher interes-
siert, ist hier goldrichtig

Eine Handvoll größere, bewohnte Inseln und viele winzige Eilande erstrecken sich im Archipel von Šibenik. Da
schaukeln Holzboote in kleinen Häfen,
und Fischer flicken ihre Netze. Jede Insel hat ihren ganz eigenen Charme: Auf
Prvić (2,4 km²) verbindet ein schöner
Spazierweg die beiden Inselorte Prvić
Luka und Šepurine, Zlarin (8 km²) war
früher für Korallen berühmt, Krapanj
(0,4 km²) für seine Schwammtaucher,
und Žirje (15 km²) mit seinen Festungsruinen ist der äußerste bewohnte
Außenposten des Archipels. Wer will,
bleibt über Nacht, sucht sich ein Privatzimmer, ein gutes Restaurant und
genießt die Inselruhe. Die Privatinsel

Obonjan (0,5 km²) lockt mit Luxuszelt-
Lodges neuerdings eher jüngere Yoga-
und Festival-Fans an.

◉ Sehenswert

Memorijalni centar Fausta Frančića, Insel Prvić

| Museum |

An der Hafenmole von Prvić Luka
überrascht ein modernes Museum: Es
ist dem kroatischen Renaissance-
Genie Faust Vrančić (1551–1617) gewid-
met, der hier geboren wurde und als
einer der Ersten einen Fallschirm aus-
probierte – eine Sensation! Mehr als 50
Erfindungen werden dem Wissen-
schaftler zugeschrieben, der seiner
Zeit weit voraus war, darunter eine
Wasseruhr und eine Turbine.

■ Ulica 1 a, Prvić Luka, Insel Prvić, Tel. 022/
44 81 28, www.mc-faustvracic.com, Juli,
Aug. Mo–Sa 9–20, übrige Zeit Mo–Sa
8–16 Uhr (Nov.–März nur Mo–Fr), 30 HRK,
erm. 15 HRK

Korallenmuseum, Insel Zlarin

| Museum |

Das Muzej zlarinskih Koralja hält eine
alte Tradition lebendig: Jahrhunderte-
lang wurde vor der Insel Zlarin nach
Korallen getaucht. Die zugängigen
Bestände sind aber längst erschöpft.

■ Niz Bebana bb, Insel Zlarin, Tel. 022/
55 37 33, n. Vereinb. (TZ Zlarin: www.tz-
zlarin.hr), 10 HRK, erm. 5 HRK

Schwammtauchermuseum, Insel Krapanj

| Museum |

Krapanj gilt mit max. 1,25 m Höhe über
dem Meer als eine der niedrigsten bewohnten Adria-Inseln. Sie ist nur 300 m
von Brodarica, einem Badeort 8 km
südlich von Šibenik, entfernt (5 Min.

An manchen Stellen unterhalb der Krka-Wasserfälle ist das Baden erlaubt

mit der Personenfähre). Gegenüber vom Fährhafen erinnert ein Souvenirladen mit Mini-Ausstellung an die 300 Jahre alte Tradition der Schwammtaucher (Muzej zbirka spužvi).

■ Žitak, Trg I br. 6, www.zitak.hr

Žirje
| Insel |

Die größte Insel im Archipel durchziehen Feldwege, die an Oliven- und Feigenbäumen vorbeiführen. Eine byzantinische Festung, Utvrda Gradina über der Bucht Velika Stupica (festes Schuhwerk!), diente als Vorposten.

 Verkehrsmittel

Personenfähre zw. Šibenik – Prvić Luka – Šepurine – Vodice. Nach Obonjan nur im Aug., www.jadrolinija.hr; **Fähre** nach Krapanj ab Brodarica; **Taxiboote**: z. B. von Vodice nach Prvić ab 230 HRK.

17 Nationalpark Krka

 Wasserfälle, Karstschönheiten und ein malerisches Kloster

i **Information**

■ Nacionalni park Krka, Tel. 022/20 17 77, www.npkrka.hr, ganzjährig, Juli, Aug. 200 HRK, erm. 120 HRK, April, Mai, Okt. 100 HRK, erm. 80 HRK, Nov.–März 30 HRK, erm. 20 HRK, unter 7 Jahre frei, auch Dreitageskarten

Der Nationalpark Krka (109 km²) erstreckt sich rund um den 73 km langen, gleichnamigen Fluss im gebirgigen Hinterland von Šibenik: Von ihrer Quelle nahe der alten Königsstadt Knin bahnt sich die Krka ihren Weg über sieben kaskadenförmige Travertin-Wasserfälle, durch weite Karsttäler hindurch, ehe sie in der Meeresbucht bei Šibenik in die Adria mündet. Einige der ehemals 30 Wassermühlen entlang der Krka wurden hübsch saniert. Am berühmtesten ist der Wasserfall Skradinski buk. Ausgangspunkt ist das nahe gelegene malerische Städtchen Skradin, zu dem viele Skipper die Krka hinaufsteuern. Nicht weniger sehenswert ist der Wasserfall Roški slap, weiter nördlich, wo es nicht ganz so trubelig wie am Skradinski buk zugeht. Überhaupt wird es im Norden, in Richtung Knin, immer ruhiger. Entlang beider Uferseiten der Krka winden sich Landstraßen hinauf, zum römischen Militärlager Burnum, dem Kloster Krka oder – am Ostufer – durch das für seinen Rohschinken »pršut« bekannte Städtchen Drniš. In dieser dünn besiedelten Gegend erinnern verwachsene, hohle Hausskelette daran, dass der jüngste Krieg noch nicht vergessen ist.

 Sehenswert

Skradinski buk
| Wasserfall |

Höhepunkt des Nationalparks ist der Skradinski buk, der letzte der sieben Wasserfälle der Krka. Hier gehen 17 größere und kleinere Travertin-Wasserfälle auf einer Länge von 800 m ineinander über – ein eindrucksvolles Naturschauspiel! Ein Rundweg führt daran vorbei (1–2 Std.). Die restaurierten Mühlen können besichtigt werden. In den unteren Seen darf in einigen Abschnitten gebadet werden (Absperrungen beachten!).

Insel Visovac
| Klosterinsel |

Für Romantiker: Wo sich die Krka zum weitläufigen Visovac-See ausweitet, thront ein Franziskanerkloster (14. Jh.)

Heute noch leben Mönche im Kloster Visovac, das man besichtigen kann malerisch auf der gleichnamigen Insel. Es ist der Barmherzigen Muttergottes (Majka od milosti) geweiht. Die Mönche hüten Kelche, Kreuze, alte Gewänder und wertvolle Manuskripte, etwa Edikte des osmanischen Sultans.

■ Bootstouren ab Srkadinski buk (nicht im Eintrittspreis für den Nationalpark inbegriffen, März–Nov. 100 HRK, erm. 70 HRK, unter 4 Jahre frei)

Roški slap
| Wasserfall |

Der sechste und von Norden aus betrachtet vorletzte Wasserfall der Krka, 13 km nördlich des Skradinski buk, ist 650 m breit, die Kaskaden stürzen bis zu 23 m tief hinab. Bei den restaurierten Wassermühlen sitzt man mit Seeblick beim Espresso.

Oziđana pećina
| Höhle |

Zur 59 m langen Oziđana-Höhle in der Nähe des Parkeingangs Roški slap führen 517 Stufen entlang der steilen Felswand hinauf. Oben heißt es: Helm auf, die Decke ist nur 2,50 m hoch. Zu sehen gibt es bronzezeitliche Funde dort, wo sie entdeckt wurden. Alternativ-Zugang oberhalb, mit Parkplatz und 99 Stufen.

■ April–Okt. (im Parkeintritt inkl.)

Kloster Krka (Sveti Aranđelovac)
| Kloster |

 Das bedeutendste serbisch-orthodoxe Kloster Kroatiens

Oberhalb des Flusses Krka erhebt sich das Kloster Sveti Aranđelovac (hl. Erzengel, 14. Jh.), umgeben von üppig grüner Natur. Die winzige Erzengel-Michael-Kirche (Arhanđel Mihail) im Kreuzgang gefällt mit ihrer intensiven Wand- und Deckenbemalung. Im

ADAC *Mobil*

Im Sommer werden von Šibenik und anderen Küstenorten **Bus- oder Bootsausflüge** in den Nationalpark Krka angeboten. Mit dem Auto lässt sich die Gegend auch individuell erkunden. **Fünf Eingänge** (unterschiedliche Öffnungszeiten!) führen hinein: Skradin, Lozovac, Roški slap sowie die Nebeneingänge Burnum und Kistanje (Zufahrt zum Kloster Krka). An jedem Eingang befindet sich ein Infozentrum, in Skradin ein größeres mit Ausstellung zur Nationalpark-Geschichte. Vom Eingang Skradin (ganzjährig, Juli, Aug. 8–20 Uhr, übrige Zeit kürzer) verkehren Pendelboote zum Skradinski buk (im Eintrittspreis inbegriffen), von Lozovac Pendelbusse (nur Sommer) zum Wasserfall Skradinski buk (1 km).

Sommer (April/Mai–Okt.) klettert man mit einem Mitarbeiter des Nationalparks durch altrömische Katakomben, in denen schon Apostel Paulus gepredigt haben soll. Die Anlage wurde während des Heimatkriegs vor Zerstörung geschützt und 2001 wieder in Betrieb genommen. Heute studieren 60 Klosterschüler dort. Gegenüber, auf der Ostseite des Flusses Krka, ragen einige Festungsruinen empor.

■ Carigradska draga, Tel. 022/20 17 77, Anreise: 3,5 km ab Kistanje mit dem Auto; mit dem Boot ab Roški slap (April–Okt.)

Restaurants

€€–€€€ | **Zlatne školjke** Traditionslokal mit Terrasse und Holz-Interieur: Fisch und Muscheln sind hier eine gute Wahl sowie das berühmte Skradiner

Kalbfleisch-Risotto, das bis zu 12 (!) Std. köcheln muss. ■ Grgura Ninskog 9, Skradin, Tel. 022/77 10 22, tgl. 12–23 Uhr

Erlebnisse

Etnoland Dalmati
| Themenpark |

Der konstruierte dalmatinische Themenpark begeistert mit altem Handwerk, Steinhäusern und Folkloreabenden, bei denen man Peka-Gerichte probieren kann (Reservierung!). Spontane Besucher können sich das Anwesen mit einem Audioguide (Deutsch) anschauen.

■ Oštarija 9, Ortschaft Pakovo selo bei Drniš (22 km nördlich von Šibenik), Tel. 099/220 02 00, www.dalmati.com,

Wandern

Der knapp 2 km lange Lehrpfad am Skradinski buk führt über Brücken und Kalkbarrieren. Am Eingang Lozovac beginnt ein ebenfalls knapp 2 km langer Naturlehrpfad. Von Stinice (beim Dorf Bogatići) zieht sich ein 10 km langer Wanderweg an der Höhle Oziđana pećina und den Wasserfällen Roški slap vorbei, mit Blick auf die Klosterinsel Visovac.

In der Umgebung

Scardona Park
| Museum |

Im Automuseum in der ehemaligen Aluminiumfabrik glänzen Retro-Autos um die Wette. Da darf der jugoslawische Kult-Lizenznachbau des Fiat 600 (»Fićo«) nicht fehlen.

■ Put Sv. Jere 2, Skradin, Sommer tgl. 9–20, Okt.–März Mi–So 11–17 Uhr, 50 HRK

18 Knin

Für kurze Zeit die Hauptstadt der Serben-Republik Krajina

Information

■ TZ, Ul. dr. Franje Tuđmana 24, 22300 Knin, Tel. 022/66 48 22, www.tz-knin.hr

Knin (13 000 Einw.) erstreckt sich im Hinterland, eine Fahrstunde nördlich von Šibenik, mit Blick auf Kroatiens höchsten Berg Dinara (1831 m). Hauptattraktion ist die gewaltige, weitläufige Festungsruine. Die Stadt gilt vielen Kroaten als Inbegriff der nationalen Unabhängigkeit: Knin war früher mehrheitlich serbisch bewohnt (86 % der Bevölkerung) und im Heimatkrieg (1991–95) die Hauptstadt der offiziell nicht anerkannten Serben-Republik Krajina. Im August 1995 wurde die Gegend mit der umstrittenen Militäroperation »Oluja« (dt. Sturm) von kroatischen Truppen zurückerobert, bis zu 200 000 Serben mussten fliehen. Der wirtschaftliche Aufschwung lässt bis heute auf sich warten.

Sehenswert

Festung Knin
| Burgruine |

 Mächtiges Bollwerk im geschichtsträchtigen Hinterland

Wer alte Mauern mag, wird beeindruckt sein: Die gut erhaltene Festungsruine von Knin gilt als eine der größten in Europa. Sie thront auf dem Berg Spas, ein steiler Fußweg führt über eine Zugbrücke hinauf (besser unten parken!). Dort beginnt ein verwinkeltes Labyrinth durch fünf Bauabschnitte, die ab dem 9. Jh. entstan-

Von der gewaltigen Festung Knin reicht der Blick weit über das Umland

den sind. Nach und nach erreichte die Festung eine Länge von 470 m. Eine moderne Ausstellung, »Oluja ´95«, zeichnet die jüngste Kriegsgeschichte der Stadt mit Fotos, Zeitungsausschnitten und anderen Exponaten erschütternd nach. Zwei weitere Sammlungen zeigen archäologische Funde und Brauchtum. Ganz oben thront ein neueres Denkmal des ersten kroatischen Präsidenten Franjo Tuđman, der nach der Rückeroberung der Krajina 1995 die Erde an dieser Stelle küsste.
■ Fra Luje Maruna 1, Knin, www.kninski muzej.hr, Mitte März–Okt. tgl. 8–19, Nov.–Mitte März Mo–Fr 8–15 Uhr, 30 HRK

Verkehrsmittel

Zwischen Šibenik und Knin verkehrt ein **Regionalzug** (1 Std. 40 Min., www. hzpp.hr, E-Ticket-Versand auf das Smartphone).

🍴 Restaurants

€ | Tvrđava Von der Terrasse des angenehmen Café-Restaurants in der Festung fällt der Blick auf die gebirgige Umgebung. Ćevapčići sind hier eine gute Wahl. Faire Preise! ■ Sommer tgl. 8–24, Winter 8–19 Uhr

In der Umgebung

Mausoleum des Ivan Meštrović
| Grabkapelle |

Wer von der Küste nach Knin (oder zurück) über Drniš fährt, sollte einen Abstecher in das abgeschiedene Dörfchen Otavice einplanen. Ein Treppenweg führt vor dem Ort auf einen Hügel mit kunstvoller Grabkapelle (Crkva Presvetog Otkupitelja) hinauf: Diese wird meist nur »Mauzolej Ivana Meštrovića« genannt. Der Meister selbst (S.58) entwarf den hellen Kalk-

Im Blickpunkt

Kroatiens begnadeter Bildhauer

Ivan Meštrović (1883–1962) gilt als einer der berühmtesten kroatischen Künstler des 20. Jh. Seine Kindheit verbrachte der spätere Bildhauer und Architekt in einfachen Verhältnissen im Dörfchen Otavice, im dalmatinischen Hinterland der Küste. Ein Steinmetz aus Split entdeckte das außergewöhnliche Talent des damals 15-Jährigen, ein österreichischer Grubenbesitzer übernahm die Studiengebühr für das Ausnahmetalent an der Kunstakademie in Wien. Meštrović war später in Paris tätig und emigrierte nach dem Zweiten Weltkrieg in die USA, wo er als Professor lehrte. Aus dem Exil schickte er viele Statuen nach Jugoslawien. Zu seinen Werken gehören u. a. der monumentale Bischof Gregor von Nin (Grgur Ninski) in Split (S. 74), das Juraj-Dalmatinac-Denkmal vor der Kathedrale in Šibenik (S. 47) und das Mausoleum in Cavtat (S. 117). Viele Werke sind auch in seinen beiden Museen in Split zu bestaunen (S. 76).

stein-Bau in den 1920er-Jahren für seine engsten Familienangehörigen und fand hier auch seine letzte Ruhe.

 10 km östlich von Drniš, 1 km außerhalb des Dörfchens Otavice/Ružić (beschildert), www.mestrovic.hr, Mai–Sept. Di–So 9–19, Okt.–April Di–Sa 10–13, So 10–15 Uhr, 15 HRK, erm. 10 HRK

19 Primošten

Vom Meer umspülte pittoreske Altstadt auf einem Hügel

i Information

TZ, Trg biskupa Josipa Arnerića 2, 22202 Primošten, Tel. 022/57 11 11, www.tz-primosten.hr

Malerisch ragt die Altstadt von Primošten (2800 Einw.) ins Meer hinein, von Stadttor und Resten einer Wehrmauer umgürtet. Die Gründer des Städtchens waren auf der Flucht vor den Osmanen. Sie ließen sich auf dem Eiland nieder, bauten eine Zugbrücke zum Festland und zogen diese kurzerhand hinauf, wenn Gefahr drohte. Längst schon wurde die Altstadt mit dem Festland verbunden und wirkt von dort am schönsten.

Sehenswert

Altstadthügel
| Stadtbild |
Durch ein kleines Stadttor hindurch gelangt man zum Trg biskupa Josipa Arnerića, mit Cafés und Restaurants. Linker Hand geht es zur Uferpromenade. Zwei gepflasterte Gassen mit Natursteinhäusern und flach aufgeschichteten Steindächern ziehen sich, an einladenden Restaurants vorbei, bis zum höchsten Punkt der Altstadt hinauf: Dort thront die Pfarrkirche Sveti Juraj (hl. Georg) auf der Hügelspitze, umgeben von einem Friedhof.

Plaža Velika Raduča
| Strand |
Der schöne, jedoch trubelige, felsige Stadtstrand erstreckt sich auf der

Hotel-Halbinsel. Familien mit Klein-kindern, Jugendliche, Touristen – hier treffen sich alle. Badeschuhe einpacken, die Felsen sind spitz!

Parken

Großer **Parkplatz** vor der Altstadt **beim Kreisverkehr;** auch sehr begehrte **Parklücken an der Uferpromenade** Ulica bana Josipa Jelačića (Sommer 20 HRK/Std., 6–24 Uhr).

Restaurants

€ | **Girica** Dalmatinisches Fingerfood: Leckere frittierte Sardellen, Garnelen und auch »pršut« werden auf rustikalen Holzbänken am Altstadthang serviert. ◼ Ul. Put briga 6, tgl. 11–23 Uhr

Kneipen, Bars und Clubs

Aurora Dalmatiens größte Open-Air-Disco. ◼ Kamenar bb (2 km vom Zentrum), www.auroraclub.hr, tgl. 23–5 Uhr

In der Umgebung

Vinogradi Bučavac
| Weinberg |

Primošten ist für seine typische Rotweinsorte Babić berühmt, die rubinrot im Glas schimmert. Besonders gut gedeihen die Rebstöcke in den Bučavac-Weingärten, wo eine antike Anbautechnik gepflegt wird: Von Hand aufgeschichtete Trockensteinmauern teilen den kargen, felsigen Hang über dem Meer in winzige Parzellen. Regen und Wind haben so keine Chance, die Rebstöcke abzutragen.
◼ Kostenpflichtige Parkplätze in der Marina Kremik, 2 km südlich von Primošten, von dort zu Fuß weiter

Rogoznica
| Ort |

Die Altstadt von Rogoznica (2400 Einw.) erstreckt sich auf einer kleinen Insel, die durch einen Damm ans Festland angebunden ist. Am Abend füllt sich die Uferpromenade mit Leben. Highlight für die Kleinen ist dort ein 15 m langes Meerwasser-Aquarium, das frei zugänglich ist (Mai–Okt.).
Skipper schätzen die moderne Marina Frapa auf der gegenüberliegenden Halbinsel. Dort befindet sich auch der Salzwassersee Zmajevo oko (»Drachenauge«): Wagemutige springen von den Felsklippen in den See, der durch eine eingestürzte Doline entstanden ist. Auf dem Grund soll übrigens der namensgebende Drache leben, so die Legende. In der Umgebung gibt es Naturstrände und Buchten.

Der richtige Platz, um abends den Wein zu kosten, der bei Primošten gedeiht

Übernachten

Šibenik besaß lange nur ein einziges, in die Jahre gekommenes Stadthotel – und hat nun mit einer Handvoll charmanter Unterkünfte aufgeholt. Wer einen Badeurlaub plant, kommt in der Ferienanlage Amadria Park/Solaris unter, auf der beliebten Bade-Halbinsel Brodarica, südlich der Stadt. Den trubeligen Badeort Vodice mit vielen Privatunterkünften bevölkert ein eher jüngeres Publikum. Wer im Nationalpark Krka übernachtet, kann gleich vor der Haustüre zur Entdeckertour starten. Im Hinterland von Šibenik gibt es mehrere Agrotourismus-Gehöfte, in denen Sie der Hausherr mit eigenem Wein und Leckereien versorgt.

Šibenik und Umgebung 46

€€ | **Stella Maris** Kleineres, modernes Hotel in Strandnähe mit privatem Parkplatz. ■ Put Vatroslava Lisinskog 28 a, 22211 Vodice, Tel. 022/44 08 81

€€–€€€ | **Amadria Park** Eine der bekanntesten Ferienanlagen Kroatiens, Solaris, firmiert nun unter neuem Namen. Fünf Hotels mit gepflegter Außenanlage, ein moderner Aquapark, ein nachgebautes Ethno-Restaurantdorf – für jedes Budget ist hier etwas dabei. Das Hotel Andrija mit Spielecke, Mini-Buffet und Animation ist bei Familien beliebt. Busanbindung in die Altstadt. ■ Hoteli Solaris 6 (5 km südlich der Altstadt), 20000 Šibenik, Tel. 022/36 10 01, www.amadriapark.com

€€–€€€ | **Miramare** Gepflegtes saniertes Hotel mit 61 Zimmern in Strandnähe, mit Terrasse, Pool und Parkplätzen. Sehr zuvorkommendes Personal. Teils eingeschränkter Meerblick durch das Nachbarhotel. ■ Ul. Ljudevita Gaja 4, 22211 Vodice, Tel. 022/44 02 43, http://miramare-vodice.com

€€€ | **Bellevue Superior City Hotel** Behagliches, recht neues Hotel direkt an der Uferpromenade: Bodentiefe Fenster verleihen in den oberen Etagen das Gefühl, als würde man direkt über dem Meer schweben – so unverstellt ist der Ausblick. Das Frühstücksbuffet ist sehr vielfältig, das Personal sehr zuvorkommend – hier fühlt man sich wohl. Geparkt wird am reservierten Parkplatz (Gebühr), direkt am Pier gegenüber. ■ Obala hrvatske mornarice 1, 22000 Šibenik, Tel. 022/64 64 00, www.bellevuehotel.hr

€€€ | **Heritage Hotel King Krešimir** Außergewöhnliches Design-Hotel in einem kaminroten Herrenhaus mitten in der Altstadt; Lobby im Wohnzimmer-Stil mit dicken Teppichen und Bücherwand; Raumtemperatur und TV werden mittels Leih-Tablet reguliert. Das recht neue Haus wurde eigens für Gäste ohne Kinder konzipiert (»Adults only«). ■ Dobrić 2, 22000 Šibenik, Tel. 022/42 74 61, www.hotel-kingkresimir.com

€€€ | **Life Palace** Das neue Boutiquehotel mitten in der Altstadt (gegenüber Hotel King Krešimir) ist in einem Renaissance-Palais aus dem 15. Jh. untergebracht. Die 17 Zimmer schmücken üppige Vorhänge und »Original«-Renaissance-Bilder. ■ Trg šibenskih palih boraca 1, 22000 Šibenik, Tel. 022/21 90 05, www.hotel-lifepalace.hr

Archipel von Šlbenik 52

€€ | Maestral Ein Natursteinhaus mit grünen Fensterläden direkt am winzigen Inselhafen von Prvić: So sieht die ehemalige Dorfschule der Insel aus, die heute ein freundliches Hotel mit 12 Zimmern und 1 Apartment beherbergt. Angeschlossen ist ein gutes Restaurant (mediterrane Küche), außerdem Kajak-Verleih. ■ Prvić Luka, 22233 Prvić Luka, Tel. 022/44 83 00, www.hotelmaestral.com

Nationalpark Krka 53

⑩ **€ | Roški slap** Das Rauschen der Wasserfälle ist das einzige Geräusch, das man hier nachts hört: Wer im Hotel Roški slap, das nur durch eine schmale Brücke vom gleichnamigen Eingang in den Nationalpark Krka getrennt ist, eincheckt, übernachtet quasi mitten im Park. Einen Designpreis würden die Zimmer nicht gewinnen – sie sind sauber, zweckmäßig und einfach –, dafür gibt es einen großen Parkplatz und ein Terrassenlokal (gegrillte Forelle!), wo die freundlichen Betreiber morgens ein üppiges, individuelles Frühstück servieren. Der größte Vorteil der Unterkunft: Sie gehören morgens zu den ersten Besuchern an den Wasserfällen und in der Höhle Oziđana pećina, ehe es dann voll wird. ■ Roški slap 1, 22320 Drniš, Tel. 095/569 21 76, www.roski-slap.hr

€€–€€€ | Skradinski buk Die geräumigen Zimmer in der Ortsmitte von Skradin wurden erst kürzlich modernisiert und mit stilvoller Tapete aufgehübscht. Der Hafen und Restaurants sind fußläufig erreichbar. Gesicherter Carport (gegen Gebühr). ■ Burinovac 2, 22222 Skradin, Tel. 022/77 17 71, www.skradinskibuk.hr

Knin und Umgebung 56

€€ | Agroturizam Duvančić Ländlicher Agroturismusbetrieb mit Esel, Schafen, Ziegen, aber auch Tennisplatz und Pool. Übernachtet wird in ausrangierten Weinfässern, gegessen in der hauseigenen Konoba, in der sieben Sorten hausgemachten Weins ausgeschenkt werden. ■ Duvančići 13, 22303 Oklaj, Ortsteil Razvođe (zwischen Knin und Drniš), Tel. 098/34 04 87, www.agroturizamduvancic.com

Primošten und Umgebung 58

€ | Pansion-Restaurant Kamenar Das angesagteste Restaurant in Primošten – ein Glaswürfel mitten auf dem Hauptplatz mit moderner dalmatinischer Küche – vermietet 8 kleine, aber moderne Zimmer (1 App.). Kurzer Fußmarsch zum Parkplatz, aber es gibt einen Gepäckservice. ■ Rudine 5, 22202 Primošten, Tel. 022/57 08 89, http://restaurant-kamenar.com

€€ | Marina Frapa Resort Rogoznica Angenehme Anlage in schöner Umgebung im Jachthafen. Die hübschen Zimmer bieten Hafenblick. Gänzjährig geöffnet. ■ Uvala Soline 1, 222203 Rogoznica, Tel. 022/55 99 00, www.marinafrapa

€€ | Zora Perfekte Lage für einen Badeurlaub: großes Strandhotel (Liegen gegen Gebühr) mit Blick auf die Altstadt (15 Min. Fußweg). Besser ein renoviertes Zimmer mit Meerblick buchen! ■ Raduča 11, 22202 Primošten, Tel. 022/58 11 11, https://hotelzora-adriatiq.com

Mitteldalmatien: römisches Erbe und Traumstrände

Antike Baukunst, fantastische Strände und zauberhafte Urlaubs-inseln locken Jahr für Jahr zahlreiche Besucher nach Mitteldalmatien

Das Herz Dalmatiens schlägt in Split, der zweitgrößten Stadt Kroatiens mit eleganter Uferpromenade und einem Flughafen. Den antiken Kern bildet der römische Diokletianpalast, gewisser-maßen eine »Stadt in der Stadt«. Vor-gelagert sind wunderschöne Inseln, etwa Brač mit seinem Postkarten-strand Zlatni rat oder Hvar mit seiner schicken Promenade. Mehr Ruhe fin-det man auf Šolta und Vis. Wer auf der Suche nach dem perfekten Azurblau ist, wird in einer Grotte auf Biševo, einer Nachbarinsel von Vis, fündig. Zurück aufs Festland: Mit ebenso wunderbar antiker Altstadt und palmenbestande-ner »Riva« kann Trogir, nördlich von Split, aufwarten. Von hier aus ist es nur ein Katzensprung zur antiken Ausgra-bungsstätte Solin, der imposanten Burg Klis oder dem Wallfahrtsstädt-chen Sinj, bekannt für seine Reiterspie-le. Das touristisch geprägte Küsten-städtchen Omiš, südlich von Split, war

hingegen die Hochburg der Uskoken: Statt gefürchteter Piraten bezwingen heute jedoch Rafting-Fans die tosende Cetina. Weiter südlich wird es entlang der Makarska Riviera landschaftlich noch einmal sehr reizvoll: Berge und Meer treffen hier aufeinander, ver-schmelzen an den hübschen Stränden von Brela, Baška Voda und anderswo miteinander – eine Kulisse, bei der viele Urlauber ins Schwärmen geraten.

In diesem Kapitel:

ADAC Top Tipps:

6 **Trogir**
| Stadtbild |
Die von der UNESCO geadelte Alt-stadt liegt auf einer Insel und ist durch eine Brücke mit dem Festland verbunden. 64

Diokletianpalast, Split
| Römisches Bauwerk |
Kein Palast, sondern die Altstadt von
Split und römisches Architekturerbe:
Hier kann man shoppen, chillen
und entspannen in einem antiken
Altstadtkern. 71

 Hvar (Stadt)
| Stadtbild |
Eine mondäne Promenade, an der
zahlreiche Jachten vor Anker liegen,
und eine hübsche Altstadt machen
die Inselhauptstadt seit vielen Jahren
zu einem Touristenmagneten. 82

ADAC Empfehlungen:

 Festung Klis
| Festung |
Das einst mächtige Bollwerk war im
Mittelalter die Residenz kroatischer
Könige. 68

 Zlatni rat, Insel Brač
| Strand |
Das »Goldene Horn« ist der berühm-
teste Strand Dalmatiens. 79

 Pakleni otoci
| Inselgruppe |
Die »Hölleninseln« locken mit zauber-
haften Badebuchten und herrlichen
Tauchspots. 85

 Blaue Grotte, Insel Biševo
| Felsgrotte |
Magisches Licht dominiert die »Blaue
Grotte« am späten Vormittag. 87

 Radmanove mlinice, bei Omiš
| Restaurant |
Das herrliche Mühlenrestaurant ist bei
den Einheimischen sehr beliebt. 88

 Punta rata, Brela
| Strand |
Mit seinem vorgelagerten, baumbe-
wachsenen Felsen im Meer einer der
schönsten Strände Europas – und im
Sommer total überlaufen! 91

 Naturpark Biokovo
| Gebirge |
Das Gebirgsmassiv, Lebensraum zahl-
reicher Tier- und Pflanzenarten, lädt
zu Wanderungen ein. 91

20 Trogir

Die UNESCO-gekrönte Altstadt ist reich an kulturellen Schätzen

i Information

■ TZG, Trg Ivana Pavla II/1, 21220 Trogir, Tel. 021/88 56 28, www.visittrogir.hr

Die Altstadt von Trogir (13 000 Einw.) drängt sich auf einem kleinen Inselchen: zwischen Festland und der Badeinsel Čiovo, mit beiden durch Brücken verbunden. Nach Čiovo blickt auch die makellose Riva aus hellem Stein. Griechische Siedler von der Insel Vis (S. 85) ließen sich hier schon vor 2300 Jahren nieder, deshalb führt anti-

kes Pflaster durch die mittelalterliche Altstadt (13.–16. Jh.), an Renaissance-Palästen, Bürgerhäusern, Kirchen und Museen vorbei: Hier öffnet sich ein kleiner Platz zum Espressoschlürfen, dort ein Hinterhof mit Steintreppen, überall blitzen Fassaden mit steinernen Balustraden auf. So viel Anmut war der UNESCO 1997 die Aufnahme der gesamten Altstadt von Trogir in die Liste des Weltkulturerbes wert.

◉ Sehenswert

Trg Ivana Pavla II
| Platz |
Der schönste Platz der Stadt, nach Papst Johannes Paul II. benannt, breitet sich rund um die Kathedrale aus. Wenn

Wiederholt unter Fremdherrschaft geraten, strebte Trogir stets nach Unabhängigkeit

Sie Glück haben, singt gerade ein Männerchor UNESCO-gekürte Klapa-Gesänge (S. 51) in der alten Loggia (loža, 15. Jh.). Direkt daneben drängt sich der Uhrturm der früheren Kirche Sveti Sebastijan (hl. Sebastian), dahinter duckt sich die Kirche Sveta Barbara (hl. Barbara, 11. Jh.). Die Ostseite des Platzes gehört dem dreigeschossigen Renaissance-Rektorenpalast (15. Jh., Umbau 18. Jh.), heute das Rathaus mit Touristeninformation. Der Čipiko-Palais (15. Jh.) schließt die Westseite des Platzes ab: Mit seinen hübschen Spitzbogen-Fenstern gehört er zu den meistfotografierten Gebäuden der Altstadt. Übrigens taucht der Platz in der Verfilmung von »Winnetou 3« (1965) als Westernstadt auf!

Kathedrale Sveti Lovro
| Kathedrale |

Das imposanteste Bauwerk der Stadt ist die dreischiffige Katedrala Svetog Lovre (des hl. Laurentius), die den Hauptplatz überragt. Verschiedene architektonische Stilrichtungen vermischen sich hier, da sich ihr Bau von 1123 bis 1598 hinzog. Den Architektur-Mix erkennt man am 47 m hohen Glockenturm besonders gut: Gotik, Renaissance und Barock folgen hier, Schicht auf Schicht, übereinander. Wer den Turm besteigt, wird mit einem schönen Panoramablick belohnt. Werfen Sie unbedingt einen Blick auf das romanische Hauptportal: Dort hat Meister Radovan (um 1240) kunstvolle Szenen und Personen aus der Bibel gemeißelt, etwa Adam und Eva. Die Seitenkapelle gilt als eines der Meisterwerke der Renaissance.

■ Trg Ivana Pavla II, Sommer Mo–Sa 8–20, So 12–18 Uhr, Winter verkürzt, 25 HRK

Kairos-Sammlung
| Antike Sammlung |

Die »Zbirka umjetnina kairos« stammt noch aus Zeiten der griechischen Besiedelung von Trogir: Höhepunkt ist ein antikes Marmor-Relief (4.–3. Jh. v. Chr.), das Kairos, den Gott des günstigen Augenblicks, abbildet. Die Benediktinerinnen hüten den Schatz in ihrem Kloster (Sveti Nikola) in einer Altstadtgasse. Das Relief wurde 1928 in einem verlassenen Haus gefunden.

■ Gradska 2, Mitte Juni–Mitte Sept. Mo–Sa 10–13, 16.15–17.45 Uhr, 30 HRK

Festung Kamerlengo
| Festung |

Eine viereckige venezianische Burganlage (15. Jh.) mit Ecktürmen und Schießscharten schließt die Riva im

Südwesten ab. Der Innenhof wird gelegentlich für Konzerte genutzt, ansonsten sind nur die Mauern erhalten. Der Aufstieg lohnt sich dennoch, um die Riva von oben zu fotografieren! Früher war die Festung über die Stadtmauer mit dem Turm Sveti Marko (15. Jh.) verbunden.

■ Obala Hrvatskog proljeća 1971 bb, Juni–Sept. tgl. 9–22 Uhr, 25 HRK

 Verkehrsmittel

Im Sommer (Mai–Sept.) pendelt eine **Fähre** zwischen Split und Trogir (30 Min.), mit Zwischenstopp auf Čiovo (Slatine). ■ www.buraline.com; Zubringer zum Flughafen Split ab Busbahnhof (10 Min.)

 Parken

Nur eine Brücke trennt den **zentralen Parkplatz (P1)**, neben der Adria-Magistrale gelegen, von der Altstadtinsel (5–20 HRK/Std., je nach Saison).

 Restaurants

€€€ | **Alka** Das Traditionsrestaurant in der Altstadt serviert solide Steaks und Fisch vom Grill. ■ Bl. A. Kažotića 15, Tel. 021/88 18 56, www.restaurant-alka.hr, tgl. 11–23 Uhr

 Einkaufen

Mala Loža Loggia mit Schmuckverkauf an der Riva. ■ Obala bana Berislava 10, tgl. 9–21 Uhr
Tržnica Olivenöl, Liköre, Obst, Gemüse und mehrere Gänge mit Asia-Ware bietet der Grünmarkt (Nähe Parkplatz P1 und Busbahnhof). ■ Ul. Ivana Duknovića 6 a. Mo–Fr 6–13, So 6–12 Uhr

 In der Umgebung

Insel Čiovo
| Insel |
Zum Baden geht es auf die Insel Čiovo (6000 Einw., 29 km²): Beliebt ist der Strand »Copacabana« in Okrug Gornji, 2 km von Trogir entfernt, mit Strandbars und Wassersport-Möglichkeiten. Ruhiger geht es im Örtchen Donji Okrug zu, wo es zwar keine Restaurants, dafür viel unberührte Natur gibt. Eine moderne Klappbrücke (547 m) verbindet seit 2018 das Festland direkt mit Čiovo und umgeht die winzige Altstadtinsel von Trogir.

■ TZ Okrug Gornji: www.tzo-okrug.hr

21 Kaštela

Sieben Festungsanlagen beherrschen die Kaštela-Bucht

 Information

■ TZG, Lušiško Brce 5 (Vitturi-Festung), 21215 Kaštel Lukšić, Tel. 021/22 79 33, www.kastela-info.hr

An der Adria-Magistrale zwischen Trogir und Split erstreckt sich das Städtchen Kaštela (39 000 Einw.). Genau genommen es sieben Ortschaften, die ineinander übergehen und allesamt das Wort »Kaštel« im Namen tragen. Jene 13 namensgebenden Kastelle ließ einst der Adel von Trogir als Schutz vor den Osmanen und Piraten errichten. Sieben sind noch mehr oder weniger gut erhalten. Kaštel Sućurac mit seinem Erzbischöflichen Palais lohnt einen Blick, auf dem Gebiet von Kaštel Štafilić liegt der Flughafen Split, in den übrigen Orten lässt es sich ganz unaufgeregt baden und bummeln.

Salona war zu römischer Zeit ein wichtiges Handels- und Militärzentrum

 Sehenswert

Stadtmuseum
| Museum |

In der restaurierten Vitturi-Festung in Kaštel Lukšić zeigt das Stadtmuseum Trachten, Mobiliar und Funde aus der Umgebung. Im Shop kann man Souvenir-Fläschchen mit dem Öl eines 1500 Jahre alten Olivenbaums erstehen, der als Wahrzeichen von Kaštela gilt.
■ Lušiško Brce 5, Kaštel Lukšić, www.muzej-grada-kastela.hr, Juni–Sept. Mo–Sa 9–20, So 9–13 Uhr, Winter verkürzt, 15 HRK

 Restaurants

€€ | **Perlica** Lamm am Spieß! Dafür fahren sogar die Splićani in das berühmteste Traditionslokal von Klis, 2 km nordöstlich der Burg. ■ Ul. dr. Franje Tuđmana/Trg Grlo 1, Klis-Grlo, Tel. 021/24 00 04, www.restoran-perlica.hr, Di–So 9–22 Uhr

✹ **Erlebnisse**

Etno Agro Park Stella Croatica Rekonstruiertes Ethno-Dörfchen mit Schau-Manufaktur, Aromagarten und Shop.
■ Most Mihovilovići 21a, Klis (2 km nordöstl. der Festung), Tel. 099/215 02 50, www.stella-croatica.hr, Mai–Okt. Mo–Sa 9–17 Uhr, 40 HRK

Gefällt Ihnen das?

Nachgebaute **Ethnodörfchen** liegen im Trend! Es gibt sie auch in Pakovo selo (nahe dem Nationalpark Krka, S. 56) und in der Hotelanlage Amadria Park/Solaris bei Šibenik (S. 50).

Ein bildgewaltiges Spektakel: die jährlichen Reiterspiele Sinjska alka

 In der Umgebung

Salona
| Ruinen |

Wo sich heute der Industrievorort Solin (25 300 Einw.) ausbreitet, zwischen Kaštela und Split, befand sich im 1. Jh. v. Chr. die römische Provinzhauptstadt Salona – mit doppelt so vielen Bewohnern. Hier wurde vermutlich der spätere Kaiser Diokletian geboren. Die Grundmauern von Thermen, einem Tempel und einer Basilika sind noch zu sehen, das im 18. Jh. abgetragene Amphitheater bot 18 000 Zuschauern Platz. Im Friedhofsabschnitt Manastirine erblickt man Sarkophage, in der Villa Tusculum am Eingang sind Skulpturen ausgestellt. Weitere Funde im Archäologischen Museum in Split.

■ Don Frane Bulića 91, Solin, Juni–Aug. Mo–Fr 7–20, Sa 8–20, So 9–14 Uhr, übrige Zeit verkürzt, 30 HRK

Festung Klis
| Festung |

 Die einstige Residenz kroatischer Könige diente als Filmlocation

Mächtig ragt die Festung Klis auf einem felsigen Bergsattel (360 m) empor, 5 km landeinwärts von Solin. Seit sie Drehort von »Game of Thrones« war, sind die Besucherzahlen sprunghaft angestiegen. Zu sehen gibt es einen frisch restaurierten Rektorenpalast, ein Multimedia-Zentrum und eine Sammlung von Schwertern, aber auch viele verwunschene Ecken. Eingebettet zwischen Kozjak- und Mosorgebirge, überblickt die Festung die Straße nach Bosnien: Die strategische Lage nutzten schon die Illyrer, denen die Römer folgten. Die altkroatischen Fürsten bauten die Festung im 9. Jh. weiter aus, im Lauf der Zeit ist sie auf eine Fläche von rund 350 x 50 m angewachsen. Feste Schuhe empfehlen sich! Alljährlich im Juli wird an die Schlacht gegen die Osmanen gedacht, als die Festung 1648 an Venedig fiel – ein tolles Ritterspektakel!

■ Kliška tvrđava, Klis, www.tvrdavaklis. com, Juni–Okt. tgl 9–19 Uhr, 60 HRK, Nov.–Mai 9–16 Uhr, 40 HRK

 Sinj

Stadt der Reiterspiele und bedeutender Wallfahrtsort

ℹ️ Information

■ TZG Sinj, Put Petrovca 12, 21230 Sinj, Tel. 021/82 63 52, www.visitsinj.com

Das beschauliche Städtchen Sinj (11 500 Einw.) taucht 18 km nördlich der Autobahnausfahrt Split-Dugopolje im Hinterland auf, eingebettet in das fruchtbare Cetina-Tal. Über der Altstadt thront die sternförmige Festung Kamičak (1712) mit Uhrturm auf einem Hügel, wo Sommerkonzerte stattfinden. Die Hauptattraktion der Stadt ist jedoch das Reiterspiel Sinjska alka (»Alka von Sinj«), mit dem man sich an das Jahr 1715 erinnert: Damals belagerte ein übermächtiges türkisches Heer die Stadt. Die zahlenmäßig unterlegenen Bewohner von Sinj beteten die Muttergottes um Beistand an. Nach einer Woche, an Mariä Himmelfahrt (15. August), trat das osmanische Heer völlig unerwartet den Rückzug an. Dieses Wunder wird seither mit der Sinjska alka gefeiert, die seit 2010 auf der UNESCO-Liste des immateriellen Weltkulturerbes steht. Die Muttergottes von Sinj machte unterdessen das Städtchen zum bedeutendsten Marien-Wallfahrtsort in Dalmatien.

ADAC *Mittendrin*

Ein **Fischerfest** in Dalmatien ist ein ganz besonderes Erlebnis: Da werden Sardinen an der Uferpromenade gegrillt oder ein großer Brudet-Fischtopf für alle aufgesetzt. Wer in Tribunj (bei Vodice) mitfeiert, darf mit aufs Fischerboot. Ein Glas Wein oder eine »Bevanda« (Wein mit Wasser) gehören ebenso zu einem Fischerfest wie ein Klapa-Männerchor (S. 51), der die »dalmatinische Seele« berührt. Die Erlöse kommen meist der Dorfgemeinschaft zugute. Termin bei der TZ erfragen oder auf Aushänge achten: »Ribarska noć« (Fischernacht) oder »Ribarska fešta« (Fischerfest).

👁 Sehenswert

Muzej Sinjske alke
| Museum |
Stolze Uniformen, Säbel, lebensgroße Reiter: In dem modernen Museum dreht sich alles um die Sinjska alka. Wer will, probiert sein eigenes Geschick als Lanzenreiter aus – interaktiv am Bildschirm.

■ Put Petrovca 12, www.alka.hr, Sommer Di–So 9–19, Winter 9–17 Uhr, 40 HRK, erm. 20 HRK

🎈 Events

Sinjska alka Am ersten August-Wochenende ist es so weit: Reiter in historischen Gewändern müssen die Mitte eines doppelten Ringes (türk. »alka«) mit der Lanze durchstechen – auf einem galoppierenden Pferd. Fr, Sa Proben, So Hauptevent mit großer Prozession. ■ www.visitsinj.com

23 Split

Eine Stadt, die sich in einem römischen Palast entwickelte

Splits Altstadt will zu Fuß entdeckt werden – Plätze für eine Rast gibt es reichlich

ℹ️ Information

■ TIC, Peristil bb, Tel. 021/34 56 06, 21000 Split, www.visitsplit.com (Stadt), www.dalmatia.hr (Region)

Split (178 000 Einw.) ist nicht nur die zweitgrößte Stadt Kroatiens, sondern auch die »Hauptstadt Dalmatiens«: Wie keine andere an der Küste versprüht sie ein urbanes Lebensgefühl, mit Universität, Industrie, Hafen und allem, was zu einer Großstadt gehört. Längst schon stoppen auch die großen Kreuzfahrtschiffe hier, und örtliche Reiseleiter lotsen Besuchergruppen über das holprige antike Straßenpflas-

ter, an hellen Natursteinhäusern, charmanten Boutiquen und einladenden Cafés vorbei. Die meisten Altstadt-Besucher kommen an der lebhaften Uferpromenade (Obala hrvatskog narodnog preporoda) an, kurz »Riva« genannt. Sie bietet eine gute Orientierung. Kernstück der Promenade ist die Lieblingsflaniermeile der Splićani: Elegante weiße Sonnensegel und Palmen beschatten die Cafés. Nach Osten zieht sich die Riva am Hafen und den Kreuzfahrtschiffen entlang bis zum beliebten Stadtstrand Bačvice, nach Westen mündet sie in den grünen Hausberg Marjan mit hübschen Badeplätzen. Und von der Riva betritt man

Plan
S. 72/73

Altersruhesitz errichten ließ, entwickelte sich im Laufe der Zeit die Altstadt von Split mit Geschäften, Restaurants, Cafés – und heute einem quirligen Leben.

Nicht selten suchen Gäste, die das erste Mal in der Altstadt von Split ankommen, irritiert den UNESCO-gekrönten Diokletianpalast (Dioklecijanova palača). Dabei stehen sie bereits mittendrin! Der historische Stadtkern, der an die Riva grenzt, ist gewissermaßen der frühere Palast (215 x 180 m)! Diesen ließ sich der römische Kaiser Diokletian (245–313 n.Chr.) errichten: Zehn Jahre dauerte der Bau, 305 n. Chr. war das Mammutprojekt fertig, gebaut mit dem berühmten »Marmor«, eigentlich Kalkstein, von der Insel Brač, zudem wurden ein Dutzend Sphingen aus Ägypten herbeigeschifft.

Bis zu 18 m hohe Mauern umgürteten den Komplex, der von Bewohnern der Halbinsel auf der Flucht vor angreifenden Awaren besiedelt und im Lauf der Jahre durch Wohnhäuser, Cafés und Boutiquen baulich verändert wurde. Ursprünglich führten vier nach Metallen benannte Tore in den Palast: Vom Goldenen Tor (Zlatna vrata/Porta Aurea) im Norden sind nur noch Podeste erhalten, das wieder freigelegte Silberne Tor (Srebrna vrata/Porta Argentae) an der Ostseite des Palastes mündet beim Grünmarkt, das Eisentor im Westen (Željezna vrata/Porta Ferrea) erreicht man vom Narodni trg (Volksplatz), und das Bronzetor (Brončana vrata/Porta Aenea) verbindet Uferpromenade und Palast.

den berühmten Dikoletianpalast. Wer den ursprünglichen, dalmatinischen Geist von Split erleben will, sollte durch das Stadtviertel Veli Varoš mit seinen Treppengassen bummeln, zwischen Altstadt und Hausberg Marjan im Westen gelegen.

Der Diokletianpalast

 Rundgang durch die römische Altstadt von Split

Wenn das keinen Seltenheitswert hat! In einer kaiserlichen Residenz, die der in Salona geborene römische Kaiser Diokletian sich hier Ende des 3. Jh. als

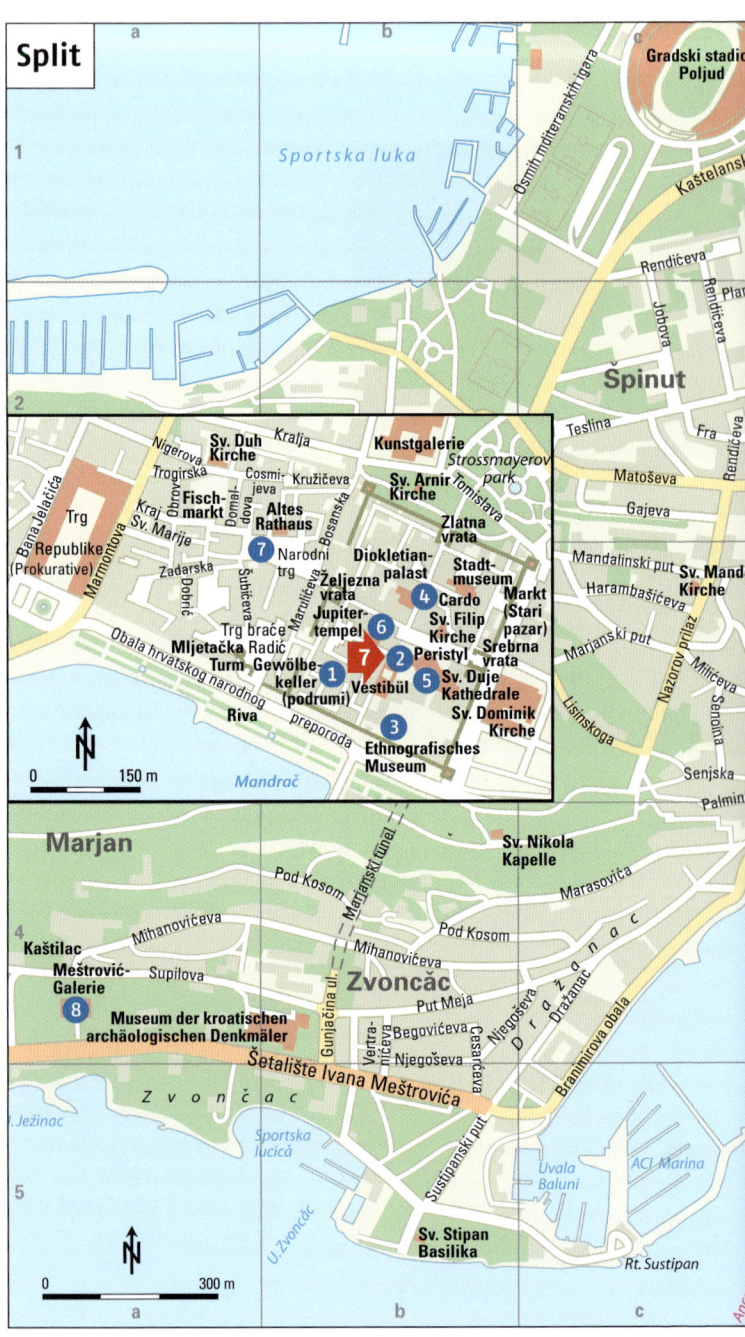

Split

a   b

1

Sportska luka

Gradski stadio
Poljud

Kaštelansk

Osmih mditeransikih igara

Rendićeva

Plar

Jobova

Rendićeva

2

Spinut

**Sv. Duh
Kirche**

Kralja

Kunstgalerie

Teslina

Fra

Nigerova

*Strossmayerov
park*

Trogirska

Cosmi-
jeva

Kružičeva

**Sv. Arnir
Kirche**

Tomislava

Matoševa

Kraj

Domc

**Fisch-
markt**

**Altes
Rathaus**

Bosanska

**Zlatna
vrata**

Gajeva

Sv. Marije

7 Narodni
trg

**Diokletian-
palast**

**Stadt-
museum**

Mandalinski put

**Sv. Mande
Kirche**

Zadarska

**Željezna
vrata**

4 **Cardo**

**Markt
(Stari
pazar)**

Harambašićeva

Dobrić

Šubićeva

Marulićeva

**Jupiter-
tempel**

6

**Sv. Filip
Kirche**

Marjanski put

Milićeva

Šenoína

Trg braće

2 **Peristyl**

**Srebrna
vrata**

**Mljetačka
Turm**

Radić

**Gewölbe-
keller
(podrumi)**

1

5

**Sv. Duje
Kathedrale**

Lisinskoga

Nazorov prilaz

Vestibül

Riva

preporoda

3

**Sv. Dominik
Kirche**

Senjska

Obala hrvatskog narodnog

**Ethnografisches
Museum**

Palmin

0   150 m

Mandrač

Marjan

**Sv. Nikola
Kapelle**

Pod Kosom

Marasovića

4 **Kaštilac**

Mihanovićeva

Mihanovićeva

Pod Kosom

**Meštrović-
Galerie**

Supilova

Zvončac

Put Meja

Begovićeva

Njegoševa

8

**Museum der kroatischen
archäologischen Denkmäler**

Vertra-
nićeva

Njegoševa

Cesarčeva

Držanac

Šetalište Ivana Meštrovića

Z v o n č a c

Branimirova obala

I. Ježinac

*Sportska
lucicá*

5

U Zvončac

Sušipanski put

*Uvala
Baluni*

ACI Marina

**Sv. Stipan
Basilika**

Rt. Sustipan

0   300 m

a   b   c

Sehenswert

❶ Gewölbekeller
| Gewölberäume |

Die meisten Besucher gelangen durch das Bronzetor von der Riva in den Palast: Dabei durchqueren sie die früheren Lagerräume, heute ein stimmungsvoller, weitläufiger Gewölbekeller (Dioklecijanovi podrumi), in dem Schmuck und Kunsthandwerk verkauft werden. Für einen weiteren, säulengetragenen Kellerabschnitt mit Sarkophag wird Eintritt fällig. Vor allem an sommerlichen Regentagen geht es an den Verkaufsständen lebhaft zu.

■ Gewölbekeller: Juni–Sept. 8.30–22 Uhr, übrige Zeit verkürzt, 42 HRK

❷ Peristyl und Vestibül
| Säulenhof |

Steigt man aus dem Kellergewölbe hinauf, steht man mitten im Peristyl: So wird der weite Platz mit seinen sechs Granitsäulen genannt, der einst repräsentativen Zwecken diente. Studenten verdienen sich hier als Römer und Gladiatoren verkleidet ein paar Kuna für ein Selfie mit Touristen hinzu. Abends gibt's Livemusik.

Am Südende des Peristyls, direkt über dem Kellergewölbe, führen Stufen über einen kleinen Vorhof ins Vestibül hinauf. Von hier aus gelangte man direkt in die Privatgemächer des Kaisers.

ADAC *Wussten Sie schon?*

Wer den blank polierten Zeh der 8 m hohen **Statue des altkroatischen Bischofs Gregor von Nin** (Grgur Ninski) am nördlichen Zugang zum Diokletianpalast reibt, darf auf Glück hoffen. Die Skulptur formte Ivan Meštrović 1929.

ADAC *Spartipp*

Die »Marenda« hat bei Arbeitern, vor allem in der Hafen- und Industriestadt Split, eine lange Tradition: Gemeint ist ein preiswertes Tagesgericht – oft frittierte kleine Sardinen, Kutteln oder Bohnensuppe – das nur am Vormittag (10–12 Uhr) in einem einfachen Lokal serviert wird. Dazu passt eine »Bevanda«, Wein mit Wasser verdünnt. Auch für Urlauber eine authentische Alternative. Das Kult-Marenda-Lokal ist das Buffet Fife (Trumbićeva obala 11, Tel. 021/34 52 33), 5 Min. westl. der Altstadt die Riva entlang.

❸ Ethnografisches Museum
| Museum |

Nebenan präsentiert das Etnografski muzej im ehemaligen Klarissenkloster (Sveti Nikola) lokale Trachten, alte Möbel und Spielzeug. Eine Treppe führt zu einer Aussichtsterrasse über dem Vestibül hinauf.

■ Juni–Aug. Mo–Sa 9.30–19 Uhr, übrige Zeit verkürzt, www.etnografskimuzej-split.hr, 20 HRK

❹ Decumanus und Cardo
| Straßen |

Die typisch römische Ost-West-Straßenachse Decumanus (heute: Ul. Kralja Petra Krešimira IV) trennte die kaiserlichen Privatgemächer von den öffentlichen Bereichen im nördlichen Palastabschnitt. Quer dazu verlief die heute schlechter erhaltene Nord-Süd-Achse Cardo, die in das Peristyl führte.

❺ Kathedrale Sveti Duje
| Kirche |

An der Ostseite des Peristyls wurde Diokletian nach seinem Tod um 313 in einem Mausoleum beigesetzt. Im 5. Jh. n. Chr. wurde darüber eine Kathedrale errichtet: Sie ist dem hl. Domnius (Sveti Duje) geweiht, der in Solin (S. 68) bestattet wurde, nachdem er Opfer der Christenverfolgung unter Diokletian geworden war. Werfen Sie auch einen Blick auf das hübsche, holzgeschnitzte Eingangsportal der Kathedrale, gestaltet von Andrija Buvina (1214). Direkt davor wacht noch eine einsame Sphinx über die Besucherströme. Wer den romanisch-gotischen Glockenturm (57 m, 12.–16. Jh.) hinaufsteigt, wird mit einem traumhaften Panoramablick belohnt.

■ Tgl. 8–19, 12.30–18.30 Uhr, Kombiticket für Kathedrale, Krypta, Turm und Baptisterium (Jupitertempel) 45 HRK; nur Kathedrale, Krypta und Baptisterium 25 HRK

❻ Jupitertempel
| Taufkapelle |

Die schmale Gasse gegenüber der Kathedrale führt, leicht versteckt, zum ehemaligen Jupitertempel (Jupiterov hram), später Taufkapelle der Kathedrale. Die Sphinx vor dem Eingang ist kopflos.

■ Ul. Kraj Svetog Ivana 2, Mo–Sa 8–19, So 12.30–18.30 Uhr, 10 HRK

Außerhalb des Diokletianpalastes

Spaziergang zu den Sehenswürdigkeiten außerhalb des Palastbereiches

Museen, Galerien und hübsche Plätze befinden sich auch in den angrenzenden Gassen und Straßenzügen.

 Sehenswert

❼ Narodni trg
| Platz |

Der »Volksplatz« westlich des Diokletianpalastes ist ebenfalls ein guter Ort, um den Trubel der Altstadt bei einem Espresso auf sich wirken zu lassen: Cafés und Restaurants reihen sich nebeneinander, und gegenüber

Im 7. Jh. wurde aus dem römischen Jupitertempel eine Taufkapelle

erhebt sich das frühere Rathaus mit säulengetragener Vorhalle im neogotischen Stil (15. Jh., 1890 erneuert). Hier trifft sich regelmäßig die örtliche Kunst-Boheme bei Vernissagen.

⑧ Galerija Ivana Meštrovića und Kaštilac
| Museen |

Die imposante Villa, die sein Lebenswerk hütet, entwarf der Meister selbst: Ivan Meštrović, führender kroatischer Architekt und Bildhauer des 20. Jh., beherrschte ein beachtliches Spektrum an Kunstrichtungen. Nur wenige Minuten Fußweg, in derselben Straße, befindet sich das hübsche Anwesen Kaštilac, das Mestrović 1939 in eine Kapelle mit 28 Holzreliefs umformte. Meštrović entwarf übrigens auch die Statue des Bischofs von Nin (S. 74).

■ Šetalište Ivana Meštrovića 46 bzw. 39, www.mestrovic.hr, Di–So 9–19 Uhr, 40 HRK, erm. 20 HRK

⑨ Archäologisches Museum
| Museum |

Im Norden der Stadt lohnt das Arheološki muzej einen Abstecher: Bereits 1820 gegründet, hütet es Fundstücke aus der Ruinenstadt Salona, darunter Sarkophage, Stelen, Schmuck und Skulpturen.

■ Zrinsko-Frankopanska ulica 25, www.armus.hr, Mo–Fr 9–14, 16–20 Uhr, 30 HRK, erm. 15 HRK

🅿 Parken

Zentraler 24-Std.-Parkplatz am **Hauptbahnhof** (Željeznički kolodvor, Obala kneza Domagoja 12; 1 Std./10 HRK,

Hier ist Tag und Nacht was los: im Café Lvxor am Peristyl

jede weitere Std. 15 HRK, Tagesticket 170 HRK), Plan S. 72/73, e4.

Restaurants

€ | Buffet Zlatna ribica Schlichtes Restaurant neben dem Fischmarkt. Die nette Betreiberfamilie serviert köstliche frittierte Fischchen mit Brot und Salat zu überaus fairen Preisen. ■ Kraj Svete Marije 8, Tel. 021/34 87 10, tgl. 6–24 Uhr, nur Barzahlung, Plan S. 72/73, d3

€€ | Kod Jože Traditions-Konoba mit rustikalen Holztischen und soliden dalmatinischen Gerichten. ■ Sredmanuška 4, Tel. 021/34 73 97, tgl. 11–24 Uhr, Plan S. 72/73, e3

€€€ | Adriatic Grašo Man muss keine Jacht besitzen, um sich moderne mediterrane Küche mit traumhaftem Marina-Blick zu gönnen. ■ Uvala Baluni bb, Tel. 021/39 85 60, www.adriaticgraso.com, tgl. 9–11 Uhr, Plan S. 72/73, c5

Cafés

Café Lvxor Bequeme Kissen auf den Stufen des Peristyls, ideal für eine »kava«, ein Sandwich zum Frühstück oder Livemusik am Abend. ■ Kraj Svetog Ivana 11, www.lvxor.hr, So–Do 8–1, Fr, Sa bis 2 Uhr, Plan S. 72/73, e3

Einkaufen

Innerhalb des Diokletianpalastes und entlang der Palastmauern reihen sich **Boutiquen** mit italienischer Schuhmode, Olivenöl oder Likören.
Stari Pazar Auf dem Grünmarkt an der Ostseite des Diokletianpalastes türmen sich mal grüner Wildspargel, mal getrocknete Feigen, alles aus dem Umland, aber auch Flip-Flops und Asia-Ware, Plan S. 72/73, e4.

ADAC *Mobil*

Das Zentrum von Split lässt sich gut **zu Fuß** erkunden. Mit dem **Bus** in die Innenstadt zu fahren, kann im Sommer angenehmer sein, als einen Parkplatz zu suchen. Der **Flughafen-Shuttlebus** stoppt an der Riva, bis zum Busbahnhof (Obala kneza Domagoja, www.ak-split.hr), Bahnhof und Fährterminal sind es von hier nur wenige Minuten zu Fuß. Eine umweltfreundliche Stadtbesichtigung bieten **Fahrrad-Rikschas** (Online-Reservierung: www.riksa.net). Und der rote **Doppeldecker-Touristenbus** stoppt an den wichtigsten Sehenswürdigkeiten (Online-Tickets: www.visitsplitcroatia.com).

Peškarija Auf dem Fischmarkt an der zentralen Marmontova-Fußgängerstraße wird fangfrische Ware lautstark angepriesen. ■ Marmontova ul., tgl. ab 7 Uhr (nur vormittags), Plan S. 72/73, d3

Kneipen, Bars und Clubs

Central the Club Das Ex-Kino ist nun ein angesagter Musikclub auf zwei Etagen. ■ Trg Gaje Bulata bb, www.central club.hr, 0.30–6 Uhr, Plan S. 72/73, d3

Events

Splitsko ljeto Traditionelles Sommerfestival mit vielen Open-Air-Konzerten in der Stadt. ■ 14. Juli–14. Aug., www.splitsko-ljeto.hr

Sport

Stand Up Paddeln SUP mit Blick auf die Altstadt von Split ist ziemlich ange-

ADAC *Mittendrin*

> Die Splićani treffen sich am Stadt-
> strand Bačvice, östlich der Altstadt,
> auf eine Runde »Picigin«, einer Art
> regionalem Wasserball. Am lebhaf-
> ten Strand, der mit der Blauen
> Flagge ausgezeichnet ist, wird all-
> jährlich Anfang Juni die »Picigin«-
> Weltmeisterschaft ausgetragen!

sagt! Recht einfache, aber attraktive Tour (3 Std.). ■ Tel. 098/40 81 23, http:// given2flyadventures.com

Wandern

Auf der grünen, hügeligen Halbinsel **Marjan** (178 m), westlich der Altstadt, joggen, radeln oder spazieren die Ein-heimischen gerne. Pinienhaine spen-den Schatten. Ab dem noch recht ursprünglichen Stadtviertel Varoš füh-ren 314 Stufen hinauf zum **Aussichts-punkt Vidilica** mit beliebtem Sundow-ner-Café. Ein wunderschöner Ausblick auf die Riva und den Diokletianpalast belohnt für den Aufstieg.

24 Insel Šolta

Beschauliche Insel mit schönen Buchten und Olivenhainen

i Information

■ TIC Šolta, Obala Svete Tereze 3, 21430 Rogač, Tel. 021/65 44 91, www. visitsolta.com

Recht ruhig und grün präsentiert sich die buchtenreiche Insel Šolta (1600 Einw., 60 km²), westlich von Brač, die für ihr Olivenöl bekannt ist: Rund 100 000 Olivenbäume sollen hier wach-sen. Gut an Split angebunden, strömen die Stadtbewohner am Wochenende auf die Insel. Den Hauptort Grohote (600 Einw.), nahe dem Fährhafen Ro-gač, prägen graue Natursteinhäuser. In Stomorska im Osten bevölkern Fami-lien gerne den Strand Veli Dolac, mit Strandbar. Treffpunkt von Nautikern ist die Marina in der Bucht von Maslinica, vor der sich sieben winzige Inseln er-strecken: Sie gehört zum Luxushotel in einem alten Schlösschen oberhalb der Marina (S. 93).

Verkehrsmittel

Autofähre Split–Rogač (1 Std.), auch Katamaran (35 Min.). **Bus** ab Fährhafen Rogač nach Maslinica und Stomorska.

25 Insel Brač

Blütenweißer Kalkstein, Strände und Olivenöl

Die drittgrößte Insel Kroatiens, Brač (14 500 Einw., 395 km²), ist ein beliebtes Urlaubsziel: Schöne Strände, tiefe Buchten, harmonische Landschaften und gute Windsurf-Spots sorgen für einen erholsamen Urlaub. Auf den zweiten Blick gibt es noch mehr zu entdecken: vergessene Hirtensiedlun-gen, ein Museum, eine Höhle und ein Einsiedlerkloster. Außerdem hat Brač einen eigenen Flughafen, der (noch) wenig ausgelastet ist.
Bekanntester Urlaubsort ist Bol an der Südküste, mit seinem Traumstrand Zlatni rat. Der zweite große Ferienort heißt Supetar (4000 Einw.), im Nord-westen der Insel: Palmenbestandene Promenade, Restaurants, abends eini-ge Bars, der beliebte Strand Tri mosta mit Surfschule, der flache Familien-

strand Banj mit Wasserrutsche fast nebenan – hier gibt es alles, was man für einen schönen Urlaub braucht. Auch der Fährort Sumartin, ganz im Osten, in dem Reisende aus Makarska ankommen, lockt mit hübscher Promenade, gemütlichen Restaurants und schönem Kiesstrand-Abschnitt.

Von der frühen Besiedelung der Insel zeugen die Ruinen frühchristlicher Kirchen und antiker Villae rusticae, die sich über die ganze Insel verteilen. Außer für Olivenöl und Wein ist Brač seit der Antike für seinen weißen Kalkstein berühmt. Dieser wird oft »Marmor« genannt und bis heute verschifft: Er findet sich in vielen Bauwerken, etwa im Diokletianpalast in Split, aber auch im Reichstag in Berlin. Im Dörfchen Pučišća im Nordosten lernen junge Steinmetze das traditionelle Inselhandwerk.

 Sehenswert

Zlatni rat
| Strand |

 Traumstrand am Pinienhain, im Sommer ein Touristenmagnet

Das »Goldene Horn« ist Kroatiens berühmter Postkartenstrand, 2 km westlich der Ortschaft Bol, an der Südküste der Insel: Die aus Sand und Feinkiesel geformte Landzunge ragt über 600 m in die Adria hinein. Ihre schmale Spitze legt sich mal nach rechts, mal nach links – sie passt sich Wind, Wetter und Gezeiten an.

■ Bimmelbahn ab Bol (20 HRK)

Dominikanerkloster, Bol
| Kloster |

Das örtliche Dominikanerkloster (Dominikanski samostan, 15. Jh.) östlich des Ortskerns von Bol hütet einen

Das Städtchen Supetar ist Hafenort und kulturelles Zentrum zugleich

echten Tintoretto (1563), auf dem die Gottesmutter mit Kind abgebildet ist.
■ Ul. Anđelka Rabadana 4, Juni–Okt. tgl. 10–12, 16–19 Uhr, 15 HRK

Vidova gora
| Aussichtspunkt |
Für viele ist es das schönste Fleckchen auf Brač: Vom Gipfel des 778 m hohen Bergs Vidova gora – dem höchsten Inselgipfel in ganz Kroatien – fällt ein hübscher Blick auf das »Goldene Horn« zu seinen Füßen. Der gut markierte Weg hinauf (2 Std.) beginnt bei der Kirche in Bol. Ausreichend Wasser mitnehmen! Weniger schweißtreibend geht es mit dem Auto über das malerische Dörfchen Nerežišća hinauf.

Einsiedelei Blaca
| Kloster |
Unter einer Felswand duckt sich das Einsiedlerkloster Pustinja Blaca in einer grünen Schlucht, 3 km von der Südküste entfernt. Gegründet wurde es 1588 von Mönchen, die auf der Flucht vor den Osmanen waren und hier die Glagoliza-Schrift pflegten, das im 9. Jh. entwickelte erste slawische Alphabet. Heute leben noch zwei Eremiten hier, die Besuchern gerne das Museum mit Flügel, Teleskop und privater Sternwarte zeigen.
Organisierte Ausflugsboote verkehren ab Bol bis zur Schiffsanlegestelle Blatačka uvala, von dort sind es 45 Min. Fußweg; Auto: Straße Supetar–Bol, Richtung Vidova gora/Dragovoda, ab dem Parkplatz sind es 30 Min. Fußweg.
■ Juni–Okt. Di–So 9–17 Uhr, 40 HRK

Drachenhöhle, Murvica
| Höhle |
Eine der beiden Höhlen auf Brač, die Zmajeva špilja, begrüßt Besucher mit einem steinernen Drachenrelief an der Außenwand oberhalb des Dörfchens Murvica an der Südküste. Für die Wanderung (mind. 4 Pers.) unbedingt feste Schuhe anziehen und etwa 4 Std. Zeit einplanen. Der Wanderführer Zoran Kojdić spricht gut Deutsch, am besten direkt anrufen.
■ Tel. 091/51 49 787, 50 HRK

Mausoleum, Supetar
| Grabkapelle |
Bei der Gestaltung des Mausoleums der örtlichen Reederfamilie Petrinović experimentierte der in Split geborene Bildhauer Toma Rosandić 1914 mit mehreren Stilrichtungen: Ein leichter

ADAC *Mobil*

Wenn Sie **mit dem Auto auf eine Insel** übersetzen möchten, sollten Sie in der Hauptsaison etwas Geduld mitbringen. Auch wenn Sie vorab im Internet ein Ticket gekauft haben, ist das noch längst keine Reservierung für Ihr Fahrzeug. Diese gibt es bislang nur auf sehr wenigen Strecken (z. B. Zadar–Brbinj/Dugi otok). Im Fährhafen können Sie sich direkt vor der Abfahrt ein Ticket kaufen. Der Preis richtet sich nach der Fahrzeuggröße und der Anzahl der Insassen. In der Autokolonne hinten anstellen, gilt übrigens auch mit Online-Ticket! Wer nicht mitkommt, muss in der Warteschlange auf die nächste Fähre warten. Fußgänger kommen auf Autofähren (trajekt) eigentlich immer mit, auf Personenschnellbooten (katamaran) sollte man sich im Hochsommer rechtzeitig um einen Platz kümmern.

Orient-Stil lässt sich am ehesten erkennen. Vom umliegenden Friedhof öffnet sich ein schöner Blick.

■ Punta ul. 13 (Kap Nikola, nordwestl. des Zentrums)

Museum der Insel Brač, Škrip
| Museum |

Das Muzej otoka Brača versteckt sich im reizvollen Inseldorf Škrip, 8 km südöstlich von Supetar, auf einem Plateau im Landesinneren. Im Radojković-Turm untergebracht, hütet es archäologische Funde wie ein Herkules-Relief und zeigt, dass die Insel schon von den Illyrern bewohnt war.

■ Sommer Di–So 9–20 Uhr, 20 HRK

Verkehrsmittel

Autofähre Split–Supetar (50 Min.) oder Makarska–Sumartin (1 Std.). Ohne Auto: **Katamaran** Split–Bol (55 Min.).

Restaurants

€€ | **Konoba Mlin** Die alte Ölmühle mit schattiger Romantik-Terrasse am Meer serviert gute Fischplatten und Grillgerichte, östlich des Hafens von Bol.

■ Ul. dr. Ante Starčevića 11, Bol, Tel. 021/63 56 26, Sommer tgl. 17–1 Uhr

Einkaufen

An den Ständen im »Marmor«-Dörfchen **Pučišća** werden Schalen und Figuren aus Bračer Kalkstein angeboten.

Sport

Bol gilt aufgrund der idealen Thermik als einer der besten **Surf- und Kitesurfspots** in Kroatien. ■ Verleih/Kurse, z. B. www.bigbluesport.com

ADAC *Wussten Sie schon?*

Die **Weltmeisterschaft im Olivenernten** findet alljährlich im Okt. auf Brač statt: Den Rekord hält das kroatische Team mit 67 kg gepflückten Oliven in vier Tagen.
TZ Postira, www.postira.hr

Ein **Tennis**-Mekka ist das Hotel Borak (Bluesun-Ferienanlage) mit 26 Plätzen. In Bol, Supetar und Sumartin Freizeit- und **Wassersport**-Möglichkeiten. Am Strand Borak beim gleichnamigen Hotel in Bol kann man **Mountainbikes** und **Kajaks** leihen oder Tennis spielen (Hotel Bonaca, 26 Plätze). Bol gilt aufgrund der guten Bedingungen auch als idealer **Windsurf**-Spot.

26 Insel Hvar

Touristenmagnet mit schicker Jachtenpromenade und Lavendelfeldern

Information

■ TZ, Trg Svetog Stjepana 42, 21450 Hvar (Stadt), Tel. 021/74 10 59, www.tzhvar.hr

Hvar (11 200 Einw., 297 km²) gilt als eine der schönsten und bekanntesten Inseln in der kroatischen Adria: Die Inselstraße D116 zieht sich durch wunderbare Naturlandschaften mit Macchia, Trockenmauern und im Frühsommer an lilafarbenen Lavendelfeldern vorbei. Gelegentlich zweigt eine Straße zu einer Badebucht ab, viele sind jedoch nur mit dem Boot erreichbar. Dazu gehören auch die vorgelagerten Pakleni otoci – ein Badeparadies. Das bekannteste Touristenzentrum ist die Inselhauptstadt Hvar mit mondäner Jachtenpromenade. Das ruhigere, antike Stari Grad und das nette, beschauliche Jelsa lohnen einen Abstecher. Hvar gehört zu den sonnigsten Fleckchen in Europa: Mehr als 2700 Stunden pro Jahr scheint hier die Sonne!

Sehenswert

Hvar (Stadt)
| Stadtbild |

 Ein bildschöner Hafen – Top-Ziel der Reichen und Schönen

Blitzblank polierte Jachten reihen sich entlang der palmenumrankten Uferpromenade (»Riva«) im Hafen. Diese mündet in den alten Bootshafen »mandrač«, über dem das Arsenal wacht: früher eine Werft für die typischen »Galija«-Holzboote, heute Sitz der Touristeninformation und des ersten öffentlichen Volkstheaters Europas (1612), vor Kurzem hübsch restauriert (40 HRK). Gegenüber fällt die Stadtloggia (17. Jh.) mit gedrungenem Uhrturm auf, die heute ein Luxushotel mit Café beherbergt. Davor erstreckt sich der weitläufige Hauptplatz (Pjaca), der ei-

ADAC *Mittendrin*

Die **Kreuzprozession »Za križen«** (etwa »dem Kreuz folgend«) wird seit über 500 Jahren am Gründonnerstag auf der Insel Hvar begangen: Die Kreuzträger starten zeitgleich um 22 Uhr in sechs Orten (Jelsa, Pitva, Vrisnik, Svirče, Vrbanja und Vrboska) und pilgern im Uhrzeigersinn von einem Dorf zum nächsten. Frühmorgens, nach 25 km Wegstrecke, treffen die Kreuzträger in ihren Ausgangskirchen wieder ein und werden bewirtet. Die Prozession gehört zum immateriellen Weltkulturerbe.

ne aufgeschüttete Bucht ist: Cafés, Restaurants und die Renaissance-Kirche des hl. Stephanus (Sveti Stjepan) mit Schatzkammer prägen den Platz. Gepflasterte Stein- und Treppengassen ziehen sich im Viertel Groda den Hang hinauf hinauf, an venezianischen Palästen (13.–15. Jh.), Geschäften und Restaurants vorbei.

Benediktinerinnenkloster, Hvar (Stadt)
| Museum |

Die Benediktinerinnen hüten in ihrem winzigen Klostermuseum einen wahren Schatz: feine Spitzen, die sie aus Agavenfäden herstellen! Gemeinsam mit der Spitzenkunst auf Pag (S. 24) und Lepoglava (Nordkroatien) gehören sie zum immateriellen UNESCO-Weltkulturerbe.

■ Kroz Grodu bb (Türschild: Muzej Hanibala Lučića), Mo–Sa 10–12 Uhr, 10 HRK

Festung Španjola (Fortica), Hvar (Stadt)
| Festung |

Ein steiler Spazierweg führt in 15 Min. an Oleander und Agaven zur Festung Fortica hinauf, hoch über der Altstadt: Sie wird meist nur »Španjola« genannt, da unter venezianischer Herrschaft im 16. Jh. auch spanische Baumeister an der Errichtung beteiligt waren. Innen gibt es antike Amphoren zu bestaunen. Beim Sundowner auf der Café-Terrasse des Burghofs fällt der Blick auf die Pakleni otoci.

■ 50 HRK, erm. 25 HRK, unter 7 Jahre frei

Festung Napoleon
| Aussichtspunkt |

Einen atemberaubenden Ausblick auf die Inseln hat man von hier aus: Napoleon baute die nach ihm benannte

Seit Mitte des 19. Jh. zieht es Besucher nach Hvar-Stadt, auch dank dem milden Klima

Festung 1811. Romantisch: Picknick-decke mitnehmen und Aussicht genießen, die Festung ist für Besucher gesperrt!

■ Auf der Inselstraße D116 (Umgehung Hvar-Altstadt) ungefähr auf Höhe der Dolac Nr. 12 abbiegen, stellenweise enge Schotterstraße; zu Fuß ca. 1 Std.

Stari Grad
| Stadt |

Das mediterrane Städtchen Stari Grad (»Alte Stadt«, 1800 Einw.) macht seinem Namen alle Ehre: Hier gründeten die Griechen 384 v. Chr. die Siedlung »Pharos«, die als älteste in ganz Kroatien gilt. Eine kurvenreiche, aber gut ausgebaute Straße führt in die lange Bucht hinein. Enge Gassen mit Natursteinhäusern, kleine Plätze und einige Restaurants prägen das eher ruhige Städtchen. Architektonisches Highlight ist die befestigte Sommerresidenz Tvrdalj (16. Jh.) des 1487 hier geborenen Renaissance-Dichters Petar Hektorović (1487–1572): Ein Innenhof mit Arkaden und Fischweiher, den ein Kanal mit dem Meer verbindet, sind hübsch anzusehen. Die Kirche des Dominikanerklosters hütet einen echten Tintoretto.

■ Mai–Okt. tgl. 10–13, 17.30–20.30 Uhr, 15 HRK

Starogradsko polje
| Antike Parzellierung |

Mit dem Mountainbike meistert man die holprigen Wege am besten, die durch die 6 km lange Ebene von Stari Grad führen: 73 landwirtschaftlich genutzte Rechtecke, durch die längs und quer Trockensteinmauern verlaufen. So sieht die Katasteraufteilung aus, die noch von den griechischen Siedlern im 4. Jh. v. Chr. angelegt wurde. Seit 2008 gehört sie zum UNESCO-Welterbe. Karten bei der TZ Stari Grad erhältlich.

Im Blickpunkt

Lavendelblüte – Sinfonie in Lila

Jedes Jahr im Frühsommer bezaubert Hvar mit lilafarbenen Landschaften: Seit fast 100 Jahren wird rund um die Dörfchen Velo Grablje und Brusje Lavendel in großem Stil angebaut. Mitte des 20. Jh. trug Hvar ein Zehntel zur Weltproduktion der betörend duftenden Pflanze bei. Zu sozialistischen Zeiten wurden staatliche Stellen lukrativer, auch bot der Tourismus ein besseres Auskommen. In den vergangenen 20 Jahren ließen zwei Großbrände die Lavendelfelder weiter schrumpfen. Dennoch bleibt Hvar die »Lavendelinsel« Kroatiens. Die Pflanze wuchs übrigens nicht immer hier: Als die Weinreben, die auf Hvar seit der Antike bestellt werden, von einer Krankheit heimgesucht wurden, wanderten viele Inselbewohner ab. Einer von ihnen blieb und setzte in den 1920er-Jahren auf Lavendel, er probierte die Aufzucht aus, verkaufte seine Ernte erfolgreich – die übrigen Dorfbewohner taten es ihm gleich. So entwickelte sich die Lavendelkultur rund um Velo Grablje. Wer die Blüte Mitte Juni bis Mitte Juli nicht selbst erlebt, kann sich mit einem Lavendelsouvenir trösten.

 Verkehrsmittel

Ab Split: **Katamaran** (1 Std.) nach Hvar (Stadt) oder Jelsa (1,5 Std.); **Autofähre** bis Stari Grad (2 Std.).

 Restaurants

€€–€€€ | Konoba Maestro Der rustikale Fisch-Gemüsetopf »Hvarska gregada«, den es nur auf der Insel gibt, ist ein Gedicht. ■ Ul. Jurja Novaka 12, Hvar (Stadt), Tel. 097/701 37 98, tgl. 18–24 Uhr

€€–€€€ | Panorama Rustikale Terrasse oberhalb von Hvar (3 km) mit sehr guter dalmatinischer Küche und fantastischem Sonnenuntergang. Peka vorbestellen! ■ Ulica Smokovnik 1, Hvar (Stadt), tgl. 12–14, 18–24 Uhr

€€€ | Konoba Humac Das vergessene Hirtendorf Humac mit seinen hübschen Natursteinhäusern lohnt einen Ausflug. Schon allein wegen der köstlichen Peka-Gerichte, die die Konoba Humac serviert – ganz ohne Strom. An urigen Holz- und Steintischen sitzt man, wie in einer anderen Zeit. ■ Tel. 091/523 94 63, 10 km östlich von Jelsa auf der D116 in Richtung Poljica, Abzweigung, tgl. 12–24 Uhr

 Einkaufen

Lavendelprodukte sind ein typisches Mitbringsel, ob als Essenz, im Säckchen oder als Seife. An vielen Ständen in den Touristenzentren wird man fündig.

 Konzerte

An lauen Augustabenden wird der **Kreuzgang des Franziskanerklosters**, östlich von Hvar (Stadt), zu einer stimmungsvollen Kulisse für eindrucksvolle Klassik-Konzerte.

 Kneipen, Bars und Clubs

Carpe diem Die Kult-Cocktailbar an der Jachtenpromenade von Hvar

(Stadt) gehört seit Jahren zu den Top-Spots auf der Insel: Tagsüber Lounge-Bar, abends Partytreff. ■ Tgl. 9–2 Uhr

In der Umgebung

⑬ **Pakleni otoci** Auf den rund 20 winzigen, versprenkelten Badeinseln, Pakleni otoci, findet jeder seine stille Bucht. Die Insel **Sveti Klement** mit der Bucht Palmižana (60 HRK Taxiboot) ist im Sommer gut besucht, wer 20 Min. durch den Wald läuft (ausgeschildert), kommt zu einer einsamen Bucht. **Jerolim** ist ein beliebtes FKK-Inselchen. Die Insel **Marinkovac** ist in Hand der tagsüber netten Beach Bar Carpe diem.

Taxi- und Ausflugsboote setzen zu den größeren Inseln über, die kleineren sind mit dem Boot individuell erreichbar. Ausflugsboote stoppen bei Rundfahrten an mehreren Badeplätzen (ab 250 HRK, inkl. Mittagessen an Bord).

ADAC *Spartipp*

Ein Schnäppchen sind Hotelübernachtungen im Hochsommer nirgendwo: Vor allem in der ersten Augusthälfte wird die Preisspirale kräftig nach oben geschraubt. Dabei gilt die simple Regel: je näher am Meer, desto teurer. Eine **Pauschalreise** kann günstiger als die Direktbuchung sein. Sparen kann, wer ein **Apartment**, eine **Ferienwohnung** oder ein **Privatzimmer** bucht. In der **Nebensaison** kann man bisweilen sogar in Luxushotels »günstig« übernachten. Hvar (Stadt) und Dubrovnik sind allerdings generell hochpreisig.

27 Insel Vis

Einstiges Hauptquartier der Partisanenbewegung unter Tito

i Information

■ TZ Vis, Šetalište Stare Isse 5, 21480 Vis (Ort), Tel. 021/71 70 17, www.tz-vis.hr

Die hügelige, fruchtbare Insel Vis (3600 Einw.) erstreckt sich weit draußen in der Adria. Als sich die Griechen im 4. Jh. v. Chr. hier niederließen, nannten sie die Insel Issa. Aufgrund der strategisch günstigen Lage war Vis zu jugoslawischen Zeiten militärisches Sperrgebiet, erst spät – Mitte der 1990er-Jahre – hielt der Tourismus hier Einzug. Bis heute überwiegen Individualreisende, die sich mit Leihwagen, Vespa oder Fahrrad auf Entdeckungstour begeben. Die beiden Hauptorte, Vis und Komiža, verbindet eine Inselstraße in 30 Min. In Vis (Stadt) schmiegen sich bunte Fassaden und Steinhäuser ans Ufer der breiten Bucht, ein Franziskanerkloster gilt als Wahrzeichen. Die Nachbarinseln Biševo und Ravnik werden im Sommer von vielen Ausflugsschiffen angelaufen.

Sehenswert

Gospina batarija, Vis (Stadt)
| Museum |

Die alte K.-u.-k.-Festung (1830) oberhalb der Uferpromenade, unter italienischer Herrschaft Batteria della Madonna genannt, beherbergt eine sehenswerte archäologische Sammlung antiker Amphoren sowie die Bronzestatue der Artemis (4. Jh. v. Chr.). ■ Šetalište Viški boj 12, Juni–Sept. Mo–Fr 10–13, 17–20, Sa 10–13 Uhr, 20 HRK

Im Sommer immer gut besucht: die bizarre Badebucht Stiniva auf der Insel Vis

Festung St. George, Vis (Stadt)
| Festung |

Die nach dem britischen König George III. benannte Festung, auch Fortica genannt, thront seit 1813 westlich über der Bucht von Vis: Unlängst hübsch restauriert, trifft man sich hier auf einen Sundowner oder zum Abendessen. Ein kleines Museum erzählt die Militärgeschichte der Insel.

■ 2,5 km nordwestl. von Vis, Shuttle n.V., Tel. 091/265 60 41, www.fortgeorge croatia.com, Sommer 9–23, Aussicht bis 2 Uhr

Tito-Höhle
| Höhle |

Die Partisanenbewegung unter Josip Broz, genannt Tito, verlegte ihr Hauptquartier 1944 einige Monate in eine Höhle auf die Insel: Von dort steuerte der spätere jugoslawische Staatspräsident das politische Geschehen, mithilfe von Großbritannien und den USA. Die Titova špilja ist ausgeschildert und südöstlich von Komiža frei zugänglich, 275 Stufen führen hinauf.

■ Abzweigung bei Podšpilje (beschildert)

Plaža Stiniva
| Strand |

Die felsige, von dramatischen Klippen eingerahmte Badebucht mit sehr klarem Wasser könnte so wunderbar romantisch sein – wenn hier im Sommer nicht die vielen Ausflugsschiffe einen Badestopp auf dem Weg zur Blauen Grotte einlegen würden. Wer nicht mit dem Boot anreist, muss 20 Min. hinabsteigen (festes Schuhwerk!). Schattig wird es erst am späten Nachmittag.

Komiža
| Dorf |

Das charmante Fischerdorf im Westen der Insel gruppiert sich um einen kleinen Hafen mit Cafés. Früher verarbeiteten die Dorfbewohner Sardellen in der örtlichen Fischkonservenfabrik, heute leben die meisten vom Tourismus. Entlang der Riva hütet das Kastell mit Turm ein kleines Fischereimuseum (Ribarski muzej).

◼ Ribarski muzej, Sommer tgl. 10–12, 20–23 Uhr, 20 HRK

Events

Gajeta und Falkuša heißen die traditionellen Holzboote auf Vis: Ende Juni kann man sie in Komiža bei einer **Regatta** anfeuern.

In der Umgebung

Blaue Grotte, Insel Biševo
| Felsgrotte |

 Zauberhafte Lichtspiele in Dalmatiens Blauer Grotte

Was für ein schönes Naturphänomen auf der Nachbarinsel Biševo: Die Sonne blinzelt durch einen Felsspalt und taucht die mit Wasser gefüllte Modra špilja in ein fantastisches blaues Licht. Das Schauspiel findet nur am späten Vormittag statt! Ausflugsfahrten werden von vielen Ferienorten, auch auf dem Festland, angeboten. Die kürzeste (und günstigste) Tour startet im 9 km entfernten Komiža.

◼ Blue Cave Agency, Komiža, www. visitbluecave.com

Grüne Grotte, Insel Ravnik
| Felsgrotte |
Die Zelena špilja auf der Nachbarinsel Ravnik ist vielleicht nicht ganz so spektakulär wie die Blaue Grotte, dafür ist es hier aber auch im Sommer nicht ganz so trubelig.

◼ Buchung s. Blaue Grotte

Omiš

Piratenstädtchen für Action-Fans an spektakulärer Schlucht

i Information

◼ TZG, Fošal 1 a, 21210 Omiš, Tel. 021/ 86 13 50, www.visitomis.hr

Fast senkrecht steigen die Felswände in Omiš (14 800 Einw.) empor und trennen die Alt- von der Neustadt. Durch diesen spektakulären Canyon hindurch bahnt sich der Fluss Cetina seinen Weg in die Adria. Passiert man die Brücke entlang der Küsten-Magistrale, erkennt man Wagemutige, die sich auf einer 700 m langen Seilrutsche (Zip-Line) hoch über der Schlucht abseilen. Bei der Brücke warten Rafting-Boote, auch die Möglichkeit zum Freiklettern zieht Aktivurlauber nach Omiš.

Den unaufgeregten Ortskern prägen gepflasterte enge Gassen, Restaurants und Souvenirgeschäfte, die sich unter einer Felswand ducken. Bewacht wird das Städtchen von gleich zwei Festungen, die schon den Uskoken dienten: Die lokalen Piraten bedrohten vom Stützpunkt Omiš aus den venezianischen Seehandel. Die »Serenissima« musste sich ihren Seeweg freikaufen, ehe sie 1444 die Stadt eroberte und der Piraterie ein Ende setzte.

Sehenswert

Festung Mirabela (Peovica)
| Festung |
Der Weg hinauf in den Festungsturm führt die letzten Meter über schmale Stiegen. Schöner Panoramablick!

◼ Aufstieg neben der Kirche Sv. Mihovil, im Sommer, unregelmäßig, 25 HRK

Restaurants

 15 €€ | **Radmanove mlinice** Das überaus beliebte Ausflugslokal Radmanove mlinice (»Radman-Mühlen«) erstreckt sich rund um eine historische Mühle am Fluss Cetina, umgeben von sattgrüner Natur. Hier gibt es Peka-Gerichte, Aal, Forellen aus der eigenen Zucht und den traditionellen Mangold-Fladen Soparnik. Auch hier wurden Winnetou-Szenen gedreht. Die meisten Rafting-Touren enden bei dem Mühlenrestaurant. ◼ Franje Josipa 2, Cetina-Canyon, 6 km von Omiš, Tel. 021/86 22 38, www.radmanove-mlinice.hr, Sommer tgl. 11–23 Uhr

Cafés

Eol Rooftop Bar Stylisches Dachterrassen-Café mit Blick auf die Flussmündung, abends Party-Treff. ◼ Fošal 2, tgl. 8–24 Uhr (im Sommer länger)

Events

Bei der **Piratenschlacht** von Omiš werden Schaukämpfe auf der Cetina aufwendig nachgestellt. ◼ Mitte Aug., www.visitomis.hr
Das **Klapa-Festival** von Omiš berührt nicht nur die dalmatinische Seele. ◼ Anfang Aug., http://fdk.hr

Sport

Gleich mehrere Anbieter in Omiš haben sich auf **Kajak- und Rafting-Touren** entlang der Cetina spezialisiert (auch für Anfänger und Familien), man findet sie im Sommer an der Cetina-Brücke, z.B. Adventure Omiš, Cetinska cesta 30, Tel. 098/44 71 35, www.adventure-omis.com

In der Umgebung

Festung Starigrad (Fortica)
| Festung |

Die 500 Jahre alte Festungsruine Starigrad passt sich mit ihrem grauen Naturstein perfekt den schroffen Bergen oberhalb von Omiš an: Der Aufstieg ist ziemlich steil! Dafür ist der Ausblick auf Hvar, Brač und Šolta einfach atemberaubend. Zwei Wege führen hinauf: Der kürzere beginnt beim Tunnel vor der Cetina-Schlucht (45 Min., sehr steil, nach 11 Uhr kein Schatten). Ungeübte sollten den Pfad hinter der Pasta-Fabrik hinauf nehmen (Beschilderung: »Fortica«). ◼ 15 HRK

29 Makarska

Der pulsierende Badeort wird von einer imposanten Gebirgskulisse gerahmt

Information

◼ TZG, Obala kralja Tomislava 16, 21300 Makarska, Tel. 021/61 20 02, www.makarska-info.hr

Makarska (14 200 Einw.) ist der Hauptort der gleichnamigen Riviera, die sich nördlich und südlich des Städtchens an der Küste erstreckt. Hier siedelten bereits die Illyrer, heute bevölkern viele Kroaten aus der benachbarten Herzegowina die netten Cafés und Strände von Makarska. An der schönen Uferpromenade, die ein »Denkmal für den Touristen« säumt, lässt sich abends gut der Sonnenuntergang beobachten. In der Altstadt wird die zentrale Flaniergasse Široka ulica (»Kalelarga«) von Cafés und Restaurants gesäumt.

Makarska ²⁹

 Sehenswert

Kačićev trg
| Platz |
Den historischen Stadtkern rund um den Trg F. A. Kačića säumen einige Restaurants, in denen man sich mit einem dalmatinischen Gericht stärken kann. Malerisch hebt sich der Glockenturm der Kirche Sv. Marko (18. Jh.) vor dem weißen Biokovo-Bergpanorama im Hintergrund ab.

Malakološki muzej
| Museum |
Im Franziskanerkloster (Sveta Marija) gibt es eine stattliche Sammlung an Muscheln und Schnecken zu bestaunen, was nicht nur Kinder begeistert.
■ Franjevački put 1, Tel. 021/61 12 56, Sommer Mo–Sa 10–12, 17–19, So 10–12 Uhr, 15 HRK, erm. 10 HRK

Stadtmuseum Makarska
| Museum |
Im barocken Tonoli-Palast (18. Jh.) informiert das Gradski muzej über die Geschichte der Region.
■ Obala kralja Tomislava, www.mdc.hr/makarska/index.htm, Juli, Aug. Mo–Sa 9–13, 19–22 Uhr, übrige Zeit verkürzt, 10 HRK

Zvjezdarnica
| Sternwarte |
Ein dunkler Baumgürtel umgibt den »Astropark« mit Planeten-Spielplatz. In der Mitte thront ein monumentales sozialistisches Denkmal, das seit Kurzem eine moderne Sternwarte beherbergt (Führung auf Engl.).
■ Glazbarska 1, www.makarska-zvjezdarnica.com, Juni–Aug. tgl. 21–23.30, Sept. 20.30–22.30, übrige Zeit Do 20–22 Uhr, 30 HRK, erm. 15 HRK

Im Zentrum von Makarska zieht die Kirche Sv. Marko alle Blicke auf sich

Sveti Petar
| Halbinsel |
Gebadet wird auf der waldreichen Halbinsel Sveti Petar westlich der Altstadt: Ein größtenteils schattiger Rundweg (1 Std.) mit steilen Treppen führt am Leuchtturm vorbei, außerdem an der Statue und winzigen Kirche des hl. Petrus (Sveti Petar, 18. Jh.).

 Kneipen, Bars und Clubs

Makarska ist das Party-Mekka vieler Kroaten: In Lounge-Bars lässt es sich tagsüber und bis spät in die Nacht Cocktails schlürfen, etwa auf der Halbinsel Sveti Petar im **Makarana** oder in der **Beach Bar Sól**.

30 Makarska Riviera

*Helle Kiesstrände mit Schatten spen-
denden Pinien vor Felshängen*

 Information

■ TZO Baška Voda: Obala svetog
Nikole 31, 21320 Baška Voda, Tel. 021/
62 07 13, www.baskavoda.hr
■ TZO Brela, Trg Alojzija Stepinca bb,
21322 Brela, Tel. 021/61 84 55, www.
brela.hr

Was für eine Landschaft! Die fast
60 km lange Riviera rund um das namensgebende Städtchen Makarska
gehört zu den spektakulärsten Küs-
tenabschnitten Kroatiens: Das bleiche
Biokovo-Gebirge wirkt hier, als würde
es unmittelbar aus dem Meer auf-
steigen. Sattgrüne Pinien- und Kiefernwälder säumen die Kieselstrände,
Felsbuchten und Flanierpromenaden.
Weiter oben am Hang durchschneidet
die Adria-Magistrale das Karstgebiet,
und noch höher hinauf wird der Fels
karger. Die Infrastruktur entlang der
Makarska Riviera – von Brela im Norden bis Gradac im Süden – lässt kaum
Wünsche offen, seit der Massentouris-
mus in den 1960er-Jahren Einzug ge-
halten hat: Die Promenaden verbinden Restaurants, Souvenirstände und
Hotelanlagen miteinander. Zu den
lebhaftesten Örtchen gehören Brela
(1700 Einw.) und Baška Voda (2800
Einw.), mit hübschen Promenaden
und seichten Strandabschnitten, die
vor allem Familien und ein jüngeres
Publikum schätzen. Einziges Manko:
Im Hochsommer wollen alle an diese
schmalen Strände entlang der Makarska Riviera, dann wird es rappelvoll.

Die Makarska Riviera bietet viele traumhafte Badeplätze, einer davon liegt bei Brela

Sehenswert

Punta rata, Brela
| Strand |

 Bilderbuchstrand mit prominentem Felsen und klarem Wasser

Einer der beliebtesten Badeorte ist Brela mit 6 km Kieselstränden, Felsbuchten und einer Café- und Eisstand-Promenade. Highlight von Brela ist hier der Kieselstrand Punta rata, auch Dugi rat genannt, der zu den schönsten Stränden Dalmatiens zählt: Unmittelbar vor der Küste ragt ein winziger Fels aus dem Wasser, auf dem ein Baum wächst, der Kamen (Stein) Brela, der in keinem Urlaubsprospekt fehlen darf. Das Wasser glitzert hier perfekt türkisfarben, Pinien spenden Schatten.

Naturpark Biokovo
| Gebirge |

 Im Biokovo-Gebirge grasen bis heute Wildpferde

Schroff und anmutig erhebt sich das höchste Gebirge in Dalmatien, das Naturpark-Status hat: Es begleitet die Küste und fällt bis ins Meer hin ab, wo Kiefernwälder und Badeorte die Adria säumen. Mit ein wenig Glück begegnen Ihnen dort auch Wildpferde in freier Natur.

In Gornja Brela informiert das Besucherzentrum über die Region. Einen Blick lohnt der Botanische Garten Kotišina, 3 km von Makarska, mit heimischen Pflanzen.

Highlight ist der Gipfel Sveti Jure (1762 m), der zweithöchste Berg Kroatiens: Ob man mit dem Auto hinauffährt (31 km, Makarska–Tučepi–Sveti Jure) oder wandert – beides erfordert Übung. Setzen Sie Ihren besten Fahrer ans Steuer, da die Straße die letzten 5 km vor dem Gipfel eng, einspurig

und serpentinenartig verläuft. Im Sommer herrscht reger Gegenverkehr! Doch auch die Wanderung hinauf bedarf guter Planung: Ausreichend trinken! Außerdem benötigt man Wanderschuhe, Sonnenschutz und warme Kleidung, denn auf dem Gipfel kann die Temperatur durchaus 10–15 °C unter der an der Küste liegen.

■ Haupteingang bei KM 6 entlang der Regionalstraße Makarska–Vrgorac, www.pp-biokovo.hr, April–Mitte Mai, Okt.–Mitte Nov. 8–16, Mitte Mai–Ende Sept. 7–20 Uhr, 50 HRK, erm. 25 HRK, unter 7 J. frei

 Restaurants

€€ | **Konoba Ivandića Dvori** Uriges Naturstein-Anwesen unterhalb der Adria-Magistrale mit schmackhafter Pastičada, in Rotwein mariniertem Rinderbraten. ■ Banje 1, Brela, kostenloser Shuttle, Tel. 021/61 84 07, www.konoba-ivandicadvori.com, tgl. 17–1 Uhr

 Kinder

Kostenlose **Kinderanimation** am öffentlichen Strand von Brela: Spiele, Tanzkurse und Wasserpolo (www.brela.hr); am Strand Soline gibt es einen **Spielplatz**, im Meer einen schwimmenden **Aquapark** (40 HRK/30 Min.).

 Sport

Entlang der Uferpromenade rund um Brela warten kostenlose **Open-Air-Fitnessgeräte** auf Aktive, z. B. beim Hotel Marina, an den Stränden Pordrače und Podcrkavlje. **Windsurfen, Tauchen, Parasailing** sind an der Küste beliebt, im Gebirge **Wandern, Trekking** und **Mountainbiking**. GPS-Radtouren: www.dalmatia-bike.com.

Übernachten

In den gut besuchten Städten Split und Trogir gibt es mehrere ansprechende Altstadt-Hotels. Wer mit dem Auto unterwegs ist, sollte vorher klären, wo und ob Parkplätze vorhanden sind. In der Hauptsaison sind die umliegenden Orte Kaštela, Stobrec oder Podstrana mit vielen Privatzimmern und hübschen Stränden die günstigere Alternative zu Split und Trogir. Hvar (Stadt) gehört zu den teuersten Reisezielen in Dalmatien. Große Ferienhotels finden sich vor allem auf Hvar und Brač sowie an den Stränden entlang der Makarska Riviera. Pauschalangebote sind in solchen Hotels oftmals günstiger als eine Direktbuchung. Für die Durchreise empfehlen sich günstigere Hotels im Hinterland, etwa in Sinj.

Trogir 64

€ | **Apartmani Trogir** 10 modern eingerichtete, saubere Zimmer und Apartments, mit kostenlosem Parkplatz, nur wenige Min. Fußweg in die Altstadt. Freundliche Vermieter, Frühstück gegen Aufpreis. ■ K.A. Stepinca 78 a, 21220 Trogir, Tel. 021/88 46 87

€–€€ | **Concordia** Stilvolles 300 Jahre altes Palais (11 Zimmer) mit Frühstücksterrasse direkt an der Riva. Unbedingt Blick aufs Meer buchen! ■ Obala bana Berislavića 22, 21220 Trogir, Tel. 021/88 54 00, http://concordia-hotel.net

Sinj 69

€ | **Alkar** Zentrumshotel mit 52 modernisierten Zimmern und Parkplatz. Durchreisende steigen hier gerne ab. ■ Vrlička ul. 50, 21230 Sinj, Tel. 021/82 44 74, www.hotel-alkar.h

Split und Umgebung 70

€€ | **B&B Villa Vice** Liebevoll eingerichtete Zimmer, 15 Min. Fußweg ins Zentrum, Parkplatz, Frühstück im Garten. ■ Žrnovnička ul. 12, 21000 Split, Tel. 092/306 33 82

€€ | **Villa Diana** Gemütliches kleines Stadthotel (6 Zimmer) in einem alten Steinhaus, zentral, mit Parkplatz. ■ Ul. kralja Zvonimira 29, 21000 Split, Tel. 021/48 24 60, www.villadiana.hr

€€ | **Villa Pitomcia** Pension mit geräumigen Balkonzimmern, z.T. Meerblick, versetzt von der Adria-Magistrale, üppiges Frühstück auf Gartenterrasse. ■ Sv. Martin 158, 21312 Podstrana, Tel. 021/33 02 07, www.pitomcia.com

Insel Brač 78

€€ | **Kaštil** Über dem Hafen von Bol übernachtet man stilvoll in einem alten Kastell. Cocktailbar und Frühstücksterrasse mit Meerblick. ■ Ul. Frane Radića 1, 21420 Bol, Tel. 021/63 59 95, www.kastil.hr

€€–€€€ | **Bluesun Hotels, Zlatni rat** Moderne, familienfreundliche Ferienanlage mit Restaurants, Animation, Tennis, oberhalb des »Goldenen Horns«. Drei Hotels: Borak, Bonaca und – ein wenig anspruchsvoller – Elaphusta. ■ Put Zlatnog rata 42-48,

21420 Bol, Tel. 01/384 42 88 (Buchung), www.bluesunhotels.com

Insel Hvar 81

€€ | **B&B Dela** Moderne Zimmer oberhalb von Hvar, mit fantastischem Balkonblick, Pool; Frühstück gegen Aufpreis. ■ Miće Marchija 30, 21450 Hvar (Stadt), Tel. 099/286 22 25

€€€ | **Amfora Hvar Grand Beach Resort** Modernisiertes, gehobenes Strandresort in ruhiger Bucht an der Uferpromenade; von hier sind es 10 Min. Fußweg in die Altstadt. ■ Ul. biskupa Jurja Dubokovića 5, 21450 Hvar (Stadt), Tel. 021/75 03 00, www.suncanihvar.com

Insel Vis 85

€ | **Kod Tri Palme** Kleine Pension in historischem Natursteinhaus am Jachthafen. ■ Ul. Vladimira Nazora 67, 21480 Vis (Ort), Tel. 098/198 80 74

Omiš 87

€€ | **Diadem** Stylisches Hotel im 3. Stock eines Geschäftszentrums, 10 Min. Fußweg in die Altstadt und zum Strand, kostenlose Parkplätze vorhanden. ■ Četvrt Ribnjak 17, 21310 Omiš, Tel. 021/43 08 00, www.hotel diadem.com

Makarska Riviera 90

€€€ | **Park Makarska** Modernes Strandhotel mit 105 großzügig geschnittenen Zimmern und Ausblick an der Uferpromenade, Swimmingpool vorhanden. ■ Obala kralja Petra Krešimira IV 23, Makarska, 21300 Makarska, Tel. 021/60 82 00, https:// parkhotel.hr

€€€ | **Villa Andrea** Stilvolle, erholsame Villa mit eigenem Strandabschnitt, 1 km von Tučepi, kostenloser Parkplatz. ■ Kamena 46, 21325 Tučepi, Tel. 021/ 69 52 40, www.villa-andrea.info

ADAC *Das besondere Hotel*

Martinis Marchi Heritage Hotel
Luxus pur! Das 300 Jahre alte Schlösschen auf der Insel Šolta wurde vor wenigen Jahren von einem deutschen Geschäftsmann restauriert. Malerische Lage oberhalb der Maslinica-Bucht, eingebettet in einen Botanischen Garten. Die Atmosphäre ist familiär, es gibt nur 7 Suiten. Gebadet wird am beheizten Pool, gespeist im vorzüglichen Hotelrestaurant. Wer gut zu Fuß ist, bucht das Turmzimmer, zu dem einige Stufen hinaufführen! Charmant: Badewannen mit verschnörkelten Füßen!
€€€ | Put Svetog Nikole 51, 21430 Grohote, Ortsteil Maslinica, Insel Šolta, Tel. 021/ 57 27 68, www.martinis-marchi.com

Süddalmatien: rund um die »Perle der Adria«

Landschaftliche Höhepunkte und mit Dubrovnik eine der schönsten Städte Kroatiens locken in den Süden Dalmatiens

Es ist dieser ganz besondere Mix, der die südliche Adriaküste Kroatiens so attraktiv macht: Eine wildromantische Inselwelt, schroffe Karstberge und grüne Ebenen auf dem Festland wechseln sich mit eindrucksvoller Baukunst ab. Unbestrittene Königin in Süddalmatien ist Dubrovnik, »Perle der Adria«. Süddalmatien beginnt im fruchtbaren Neretva-Delta, das unmittelbar an die Makarska Riviera anschließt: Die weitläufige Flusslandschaft lässt Mandarinen, Wassermelonen und Granatäpfel üppig gedeihen. Wie ein Keil schiebt sich Neum, das zu Bosnien und Herzegowina gehört, in das kroatische Küstenland hinein. Südlich folgt die Abzweigung auf die für Rotwein und Austern bekannte Halbinsel Pelješac. Von dort ist es nur ein Katzensprung auf die hügelige Insel Korčula. Und dann Dubrovnik! So viele Kulturdenkmäler auf so kleinem Raum lassen keinen Besucher kalt! Dem Altstadt-

Gewimmel entkommt man auf der vorgelagerten Insel Lokrum und den Elaphiten. Individualisten schätzen auch Mljet und Lastovo, weit draußen in der Adria. Hinter Cavtat beginnt die fruchtbare Ebene von Konavle, die unbedingt einen Tagesausflug lohnt.

In diesem Kapitel:

ADAC Top Tipps:

9   **Altstadt von Korčula**
| Stadtbild |
Die mittelalterliche, mauernumrankte Stadt wirkt wie eine Miniaturausgabe der Altstadt von Dubrovnik. 101

10   **Stadtmauer, Dubrovnik**
| Stadtmauer |
Die »Perle der Adria« wird von einer begehbaren, imposanten Stadtmauer samt Türmen umgürtet. 106

ADAC Empfehlungen:

 Festungsmauer, Ston, Halbinsel Pelješac
| Befestigungsmauer |
Spaziergang auf Europas »Chinesischer Mauer«. 99

 Liebesgeschichten-Museum, Dubrovnik
| Museum |
Das Museum beweist es: Jedem Anfang wohnt ein Zauber inne. 106

 Berg Srđ, Dubrovnik
| Aussichtspunkt |
Ein wahrlich historischer Ort – über den Dächern von Dubrovnik. 109

 Cave Bar More, Dubrovnik
| Höhlenbar |
Angesagt und cool: Cocktails trinken in der Tropfsteinhöhle. 111

 Insel Lokrum
| Insel |
Nostalgisches Flair und Stille erlebt man auf der Insel Lokrum. 112

Arboretum Trsteno
| Baumpark |
Eine herrlich grüne Oase mit exotischen Bäumen aus aller Welt. 112

 Sokol grad, Dunave
| Festung |
Früher von strategischer Bedeutung, heute Festung mit Traumblick. 119

 Konavoski Dvori, Ljuta
| Restaurant |
Beliebtes Mühlenrestaurant in grüner Umgebung am Bach. 120

31 Neretva–Delta und Neum

In einem früheren Sumpfgebiet erstreckt sich heute das »Tal der Mandarinen«

 Information

■ TZ, Ul. dr. Ante Starčevića 3, 20350 Metković (Kroatien), Tel. 020/ 68 18 99, www.tzmetkovic.hr
■ TZ Neum, Ul. kralja Tomislava 4, 88390 Neum (Bosnien und Herzegowina), www.hercegovina.ba

Mandarinen, Kiwis und Granatäpfel leuchten in den Vorgärten der Neretvanska dolina. Der Fluss Neretva durchzieht die fruchtbare Ebene mit mehreren Mündungsarmen, ehe er in die Adria mündet. Das Delta ist durch die Ablagerung von Sedimenten entstanden, die die Neretva von ihrem Oberlauf aus der Herzegowina mitbringt. Schilfwälder und Lagunen machen das Gebiet zu einer bedeutenden Naturoase für über 300 Vogelarten, darunter Blässhuhn, Kranich und die seltene Moorente. Die Vögel machen nach dem kräftezehrenden Flug über das Velebit-Gebirge hier Rast. Die größten Städte im Neretva-Delta sind touristisch wenig erschlossen: etwa die Hafenstadt Ploče im Westen, das vergessen wirkende Opuzen mit seiner hübschen Häuserfront an der der Mala Neretva, einem Seitenarm der Neretva, und das Städtchen Metković an der herzegowinischen Grenze, das mit einem Naturkundemuseum über die Bedeutung des Neretva-Deltas aufklärt (Ul. kralja Zvonimira, www.pmm.hr, Mo–Sa 9–19, So 9–14 Uhr).

Es gibt Bootstouren durchs Neretva-Delta, am schönsten aber ist der Blick von oben

Sehenswert

Archäologisches Museum Narona
| Museum |

Die Römer betrieben im antiken Narona regen Handel, im 7. Jh. machten die Awaren das Städtchen dem Erdboden gleich. Heute erinnert das moderne Arheološki muzej im Dörfchen Vid, das anstelle von Narona hier gewachsen ist, mit römischen Statuen, Keramik, Glas und Bodenmosaiken an den einst so bedeutenden Standort.

■ Naronski trg 6, Vid, http://www.a-m-narona.hr, Juni–Sept. Di–So 9–19, Okt.–Mai Di–Fr 9–16, Sa 9–17, So 9–13 Uhr, 40 HRK, erm. 20 HRK

Neum
| Stadt |

Bosnien und Herzegowina haben ebenfalls einen Zugang zum Meer: Wie ein Riegel schiebt sich das knapp 10 km lange Landstück rund um die Stadt Neum (5000 Einw.) an die Adria – und durchtrennt dabei den kroatischen Küstenstreifen, südlich des Neretva-Deltas. Konkret bedeutet das: Wenn Sie auf dem Landweg nach Pelješac oder Dubrovnik reisen möchten, müssen Sie Bosnien und Herzegowina durchqueren, um dann erneut nach Kroatien einzureisen. Dabei kommt es hier im Sommer oft zu Staus an den Grenzposten.

Neum prägen gesichtslose Hotel- und Apartmentanlagen, die sich von der Küste dicht gedrängt den Hang hinaufziehen. Noch vor wenigen Jahren war Neum ein Mekka für billiges Benzin, doch die Preise haben längst angezogen. Reisebusse und hungrige Autofahrer stoppen dennoch gerne, um in einem der Restaurants üppige Grillteller zu niedrigen Preisen zu bestellen.

ADAC *Wussten Sie schon?*

Im Neretva-Delta wachsen mehr als 1 Mio. Mandarinenbäume in Plantagen, die jährlich gut 60 t Früchte hervorbringen: Daher wird die Gegend auch »Tal der Mandarinen« genannt.

 Restaurants

€€ | **Đuđa i Mate** Direkt beim Museum in Vid wird typischer Neretva-Fischtopf serviert. Große Auswahl, gute Grillteller, wunderbare Lage an der Neretva. ■ Velika riva 2, Vid, Tel. 020/68 75 00, tgl. 9–23 Uhr

€€ | **Villa Neretva** Das rustikale Restaurant ist für den typischen Fischtopf Neretva-Brudet (mit Fröschen und Aalen) berühmt. ■ Splitska 14, Siedlung Krvavac II, P.P. 84 (an der Straße Opuzen–Metković), Tel. 020/67 22 00, http://hotel-restaurant-villa-neretva.hr, tgl. 11–24 Uhr

 Einkaufen

Rund um Opuzen und Metković säumen im Herbst viele Verkaufsstände die Hauptstraße: Mandarinen in Säcken, aber auch zu Likör oder Marmelade verarbeitet, sind ein Tipp.

 Events

Breite traditionelle Neretva-Holzboote rudern beim Bootsmarathon »Maraton lađa« vor bis zu 50 000 Zuschauern alljährlich am 11. August. Die 22,5 km lange Strecke führt von der Grenzstadt zur Herzegowina, Metković, in die Hafenstadt Ploče.

Erlebnisse

Mandarinen ernten im Herbst oder mit typischen **Neretva-Booten** auf Fotosafari gehen (mit Picknick) sind ganz besonders Erlebnisse. ■ Buchung im Hotel-Restaurant Villa Neretva bzw. bei Đuđa i Mate (Adressen s. Restaurants)

 Sport

Fast noch ein Geheimtipp: Die **Baćinska jezera** bei Ploče bieten wunderschöne, fast unberührte Natur. Mit dem Kajak oder Stehpaddeln (SUP)

Im Blickpunkt

Kroatiens Mammut-Projekt: die Brücke von Pelješac

Ein Zankapfel ist der »Korridor von Neum« schon seit Jahren: Bosnien und Herzegowina erhielten im Friedensvertrag von Dayton 1995 einen schmalen Meerzugang bei Neum. Das führte dazu, dass Kroatiens Süden mit Dubrovnik seither vom übrigen Festland abgetrennt ist. 2007 begann Zagreb mit dem Bau einer Brücke auf die Insel Pelješac, um den »Korridor von Neum« zu umgehen, fünf Jahre später wurde der Bau gestoppt. Zu teuer! 420 Mio. €, so die Schätzung. Zudem liefen Politiker in Sarajevo Sturm, da sie fürchteten, eine Brücke würde größere Schiffe bei der Einfahrt nach Neum behindern. Sechs Jahre später, 2018, machte die EU Fördergelder locker. Nun baut ein chinesisches Konsortium mit 600 Arbeitern die Brücke – die 2022 fertig sein soll.

geht es durch die schöne Schilflandschaft. ■ Kajak: www.lifeandventures.com, SUP: https://paddlesurfcroatia.com

32 Halbinsel Pelješac

Feinschmeckerparadies mit zahlreichen Winzern und imposanter Wehrmauer

 Information

■ TZ Ston, Pelješki put bb, 20230 Ston, Tel. 020/75 44 52, www.ston.hr
■ TZ Orebić, Zrinsko Frankopanska 2, Orebić, Tel. 020/71 37 18, www.visit orebic-croatia.com

Wie ein Arm schiebt sich die 66 km lange, gebirgige Halbinsel Pelješac (7000 Einw., 350 km²) in die Adria hinein: Obwohl sie mit dem Festland, südlich von Neum, verbunden ist, geht es hier so ruhig wie auf einer Insel zu. Karge, felsige, mit Macchia bewachsene Gebirgszüge und die höchste Erhebung, Sveti Ilja (961 m), verleihen der Halbinsel einen authentischen Charme. Hin und wieder zweigt eine Straße zu einer schönen Bucht ab – oder zu einem Winzer, denn Pelješac ist für seine sonnenverwöhnten, vorzüglichen Rotweine berühmt: Zu den besten Hanglagen gehört Dingač, ganz im Süden.
Feinschmecker schätzen die Halbinsel für ihre frischen Austern und Muscheln. Wer vom Festland auf die Halbinsel abzweigt, kommt zuerst an Mali Ston (»Kleines Ston«) vorbei: Das Dörfchen (140 Einw.) gruppiert die besten Austernlokale Kroatiens um sein Hafenbecken. Schon die Römer schätzten die Muscheln und Austern aus der Gegend. Gezüchtet werden sie in der geschützten Bucht zwischen Halb-

Die 66 km lange Halbinsel Pelješac ist bekannt für ihre hervorragenden Rotweine

insel und Festland. Das größere Nachbarstädtchen Ston (2300 Einw.) mit seinen rechtwinkligen, stimmungsvollen Gassen und guten Restaurants lohnt ebenfalls einen Ausflug!

◉ Sehenswert

Festungsmauer, Ston
| Befestigungsmauer |

 Eindrucksvolle, mehr als 5 km lange Wehrmauer am Berg

Die Hauptattraktion von Ston, 1 km südwestlich von Mali Ston, ist eine mächtige, begehbare Wehrmauer (Stonske zidine). Aufgrund ihrer imposanten Länge von 5,5 km wird sie oft als »Chinesische Mauer Europas« bezeichnet. Errichtet wurde sie als ein weiterer Schutz der Republik Ragusa (Dubrovnik), nachdem diese Pelješac 1333 übernommen hatte.

Die Befestigungsanlage verbindet Ston mit Mali Ston. Von einst 40 Türmen ist noch etwa die Hälfte erhalten. An drei strategisch wichtigen Punkten thronen mächtige Festungen: Veliki Kaštio in Ston, Podzvidz auf dem Berg und Koruna in Mali Ston. Wer die Strecke Ston–Mali Ston begehen möchte, sollte mindesten 45 Minuten einplanen – treppauf und treppab! Der fantastische Ausblick auf die Salzgärten lohnt den Aufstieg!

■ Ston, www.citywallsdubrovnik.hr, April, Mai, Aug.–Mitte Sept. tgl. 8–18.30, Juni, Juli 8–19.30, Mitte Sept.–Ende Okt. 8–17.30, Nov.–März 9–15 Uhr, 70 HRK, erm. 30 HRK

Solana Ston
| Saline |

Das »Weiße Gold« aus den Salzgärten von Ston füllte die Kassen der Republik

Gehört zu den schönsten Kroatien-Motiven: Korčula-Stadt vor der Pelješac-Halbinsel

Ragusa. In der Saline werden bis heute auf traditionelle Art 2000 t Meersalz pro Jahr durch Verdunstung gewonnen. Ein Infofilm führt in die Salzgewinnung ein, anschließend geht es an den Kristallisierungsbecken über das Gelände. Am Eingang kann man sich mit einem Säckchen Salz eindecken.

■ Pelješki put 1, Ston, www.solanaston.hr, Sommer tgl. 7–19, Winter 7–14 Uhr, 15 HRK, Führungen 23 HRK/Pers.

Prapratno
| Strand |
Der hübsche Sandstrand, 4 km südwestlich von Ston, erstreckt sich in einer geschützten Bucht, mit Parkplatz.

Orebić
| Fährort |
Tief unter dem Berg Sveti Ilja duckt sich Orebić: Das ehemalige Kapitäns-städtchen im Südwesten ist Fährort, um in nur 15 Minuten auf die berühmte Badeinsel Korčula überzusetzen. Doch auch in Orebić lässt es sich entspannt am Strand liegen oder abends durch die Hauptstraße am Meer bummeln. Das örtliche Seefahrtsmuseum ist im Kastell (16. Jh.) der Kapitänsfamilie Orebić untergebracht: Zu besichtigen sind zwei Räume mit alten Logbüchern und Schiffsmodellen.

■ Trg Mimbelli bb, www.muzej-orebic.hr, Sommer Mo–Fr 7–20, Sa, So 17–20, Winter Mo–Fr 7–15 Uhr, 15 HRK

 Verkehrsmittel

Ab Orebić legt die **Autofähre** nach Dominče, 2 km östlich der Altstadt von Korčula-Stadt, ab. **Fähre** ab Ploče nach Viganj (Umgehung des Korridors von Neum).

Restaurants

€€€ | **Kapetanova kuća** Berühmtes und traditionsreiches Restaurant für frische Austern und Muscheln im Hafen von Mali Ston. ■ Obala dr. A. Starčevića, Mali Ston, Tel. 020/75 45 55, www. ostrea.hr, tgl. 11–23 Uhr

 Erlebnisse

Interessante **Bootsausflüge zur Austernzucht** organisiert das Restaurant Bota Šare in Mali Ston. ■ Tel. 020/75 44 82, www.bota-sare.hr

 Sport

Ein beliebter **Marathon** führt über die Wehrmauer von Ston (Sept.). ■ www. ston-wall-marathon.com
Viganj mit Maestral-Nordwind und Sandstränden gilt als einer der besten Spots für **Wind- und Kitesurfer** in Dalmatien, 8 km westlich von Orebić. Kurse, Verleih z. B. bei Liberan (in der Nähe vom Campingplatz Antony Boy), Tel. 091/617 16 66, www.liberansurf.eu.

 Wandern

Anspruchsvoll, aber schön ist die Wanderung auf den **Sveti Ilja** (961 m) hinauf. 6–8 Std. Zeit sollte man einplanen, Wanderstiefel und Getränke sind ein Muss. Gut 100 km Wanderwege gibt es rund um Orebić, die TZ hält Karten bereit.

ADAC *Mobil*

Bei Dunkelheit teilen Sie sich die Hauptstraße schon mal mit einem Schakal. Keine Sorge, die Tiere sind scheu. Aber: Fuß vom Gas!

33 Insel Korčula

Marco Polos Heimat besitzt eine der schönsten Altstädte Dalmatiens

 Information

■ TZG, Obala dr. Franje Tuđmana 4, 20260 Korčula, Tel. 020/71 14 20, www. visitkorcula.eu

Aushängeschild der hügelig-grünen, 36 km langen Insel ist der gleichnamige Hauptort Korčula (16 200 Einw.) mit steinalten Wehrtürmen. Wer Sandstrände mag, steuert den Badeort Lumbarda (1200 Einw.) im Osten der Insel an. Auf den sandigen Hügeln dort gedeiht der Inselwein Grk vorzüglich. Von der Inselstraße zweigen einzelne Straßen zu wenigen, dafür umso schöneren Buchten ab. Am anderen Ende von Korčula, ganz im Westen, erstreckt sich Vela Luka mit einer archäologisch bedeutenden Höhle.
Die Griechen und die Römer nannten die Insel in der Übersetzung »Schwarzes Korčula«, aufgrund der dichten Steineichenwälder, Kiefern und anderen sattgrünen Vegetation.

 Sehenswert

Altstadt von Korčula
| Stadtbild |

 Venezianisches Juwel mit Wehrmauer und Fischgrät-Grundriss
Die malerische Inselhauptstadt Korčula (5500 Einw.) ist ein Juwel venezianischer Architektur: Mit ihrem fast vollständig erhaltenen, recht kompakten Stadtkern thront sie auf einer winzigen Halbinsel mit Blick auf die gegenüberliegende, gebirgige Halbinsel Pelješac. Große Teile der Wehrmauer

Im Blickpunkt

Mit spitzer Klinge: Korčulas Schwerttänze

Scharfe, echte Klingen werden beim Schwerttanz »Moreška« geschwungen: Der Tanz wird auf der Insel Korčula schon seit dem 16. Jh. gepflegt und erinnert vermutlich an den Sieg des Christentums über den Islam in Spanien. Vertreter beider Religionen kämpfen bei stimmungsvollen Abendaufführungen um ein Mädchen miteinander. Obwohl der »Moreška«-Tanz der berühmteste ist, kennt man auf der Insel noch weitere Schwerttänze: Die »Kumpanija« (mit Dudelsack-Begleitung) wird im Sommer vor der Kirche im Örtchen Blato aufgeführt, ebenfalls gepflegt wird der Schwerttanz »Moštra« (nur an Mariä Himmelfahrt in Žrnovo). *Moreška-Aufführungen in Korčula (Stadt): Juli, Aug. Mo/Do, Juni, Sept. Do, 21 Uhr, 100 HRK*

sind verschwunden, um Platz für Straßen zu machen, einige Abschnitte – mit Kanonen – überblicken noch den Kanal von Pelješac. Die Mauern waren im Jahr 1571 dick genug, um die türkischen Angreifer abzuwehren. Die Altstadt hat einen interessanten Grundriss: Eine Fischgräte – mit einer zentralen Mittelachse, von der die engen Gassen nach Osten und Westen abzweigen. Die leicht schräge Anordnung der Gassen soll verhindern, dass die kalte Bora hindurchfegt, der milde Maestral bei Sommerhitze jedoch leicht erfrischend hindurchwehen kann. Einlass in die Stadt gewährt

eine neobarocke Treppe, die durch das Landtor hinaufführt – über dem die Kula Revelin, der höchste Turm innerhalb der Wehrmauern, wacht.

Kathedrale Sveti Marko, Korčula (Stadt)

| Kathedrale |

Mitten in der Altstadt begrüßt die dreischiffige Katedrala Svetog Marka (hl. Markus) die Besucher: Sehenswert ist das gemeißelte Portal (15. Jh.), im Innern wartet ein Altarblatt des venezianischen Meisters Jacopo Tintoretto (16. Jh.). Der 30 m hohe Kirchturm gewährt eine schöne Aussicht. Südlich der Kathedrale hütet die Schatzkammer (»riznica«) Werke von Carpaccio und Bassano, aber auch Skizzen von Leonardo da Vinci.

■ Trg Svetog Marka, April/Okt. Mo–Sa 9–17, Mai–Sept. Mo–Sa 9–19 Uhr, Schatzkammer (inkl. Kathedrale) 25 HRK, Turmbesteigung 25 HRK

Stadtmuseum, Korčula (Stadt)

| Museum |

Das Gabrielis-Palais gegenüber der Kathedrale hütet historische Schiffsmodelle und Steinmetz-Kunst. Ein Teil der Ausstellung ist im Arneri-Palais um die Ecke zu sehen und zzt. noch ausgelagert, da das Gabrielis-Palais restauriert wird (Eröffnung 2020 geplant).

■ Juli–Sept. Mo–Sa 9–21, Okt.–Juni Mo–Sa 10–15 Uhr, 20 HRK

Marco-Polo-Haus, Korčula (Stadt)

| Museum |

In einem Steinhaus mit Turm (gute Aussicht!) soll der China-Reisende Marco Polo geboren worden sein: Kuća Marka Pola mit Souvenirshop.

■ Depolo 1a, Juni/Sept. tgl. 10–16, Juli, Aug. 9–21 Uhr, 20 HRK, unter 10 Jahre frei

Knochen- und Keramikfunde in der Vela špilja zeugen von menschlicher Besiedlung

Plaža Vela Pržina, Lumbarda
| Strand |
Lumbarda ist für seine schönen Sandstrände bekannt, die sonst in Kroatien nur selten vorkommen: 1 km südlich des Ortes lässt es sich mit Blick aufs offene Meer gut am Strand Vela Pržina aushalten und im seichten Wasser planschen. Parken 20 HRK.

Plaža Pupnatska luka
| Strand |
Eine schmale Straße (Vorsicht, Gegenverkehr!) schlängelt sich an der Südküste hinunter ans Meer. Die abenteuerliche Fahrt wird mit kristallklarem Meer belohnt, hinter dem Pinien Schatten spenden.

Große Höhle, Vela Luka
| Höhle |
Oberhalb von Vela Luka (4500 Einw.), am westlichen Ende der Insel, führt ein asphaltierter Feldweg durch Olivenhaine zur 50 m langen Vela špilja hinauf. Prähistorische Funde, die selten in der Region sind, deuten darauf hin, dass hier schon vor 20 000 Jahren Menschen gelebt haben.

 Restaurants

€€€ | **Konoba Adio mare** Das beliebte Traditionsrestaurant in der Altstadt lockt mit frischem Frisch und leckeren Grilltellern. ■ Ul. Marka Pola 2, Korčula (Stadt), Tel. 020/71 12 53 (Reservierung wird empfohlen), www.konobaadiomare.hr, tgl. 12–23 Uhr

 Kneipen, Bars und Clubs

Massimo Kult-Bar auf dem Dach der alten Bastion mit Blick auf den Pelješac-Kanal. Steiler Aufstieg! ■ Šetalište Petra Kanavelića, tgl. 8–1 Uhr

34 Dubrovnik

Die filmreife Altstadtkulisse ist UNESCO-Weltkulturerbe

Dubrovnik aus der Vogelperspektive – die Seilbahn auf den Srđ macht's möglich

ℹ Information

■ TZ Dubrovnik, Brsalje 5, 20000 Dubrovnik (am Pile-Tor), Tel. 020/31 20 11, www.tzdubrovnik.hr

■ TZ Dubrovnik, www.visitdubrovnik.hr

Dubrovnik (44 000 Einw.) gilt als »Perle der Adria«. Den besonderen Reiz macht eine mächtige Wehrmauer mit Festungstürmen aus: Diese umgürtet die komplett unter UNESCO-Schutz stehende Altstadt mit ihren Renaissancepalästen, Kirchen, Museen, Plätzen und engen Gassen. Auf hellen Steinquadern flanieren Reisende aus aller Welt durch die Fußgängermeile Stradun, eine im 12. Jh. aufgeschüttete Meerenge. Dadurch wurde die Felseninsel mit dem Festland verbunden. Beim verheerenden Erdbeben 1667 wurden viele Gebäude in der Altstadt zerstört und wieder neu aufgebaut. Dubrovnik genoss schon immer eine politische Sonderstellung: Als freie Seefahrer-Republik Ragusa trieb es zwar regen Handel mit Venedig – blieb jedoch unabhängig. Die Wehrmauer wurde übrigens nie durchbrochen, erst Napoleon beendete die Sonderstellung Dubrovniks.

Als ab 1991 Granaten auf die Stadt hagelten, blieben die Touristen weg. Nun sind die Urlauber längst wieder da,

Plan
S. 107

es 15 Minuten Fußweg. Beliebt ist der Strand »Copacabana« in Babin kuk auf der Halbinsel Lapad.

● Sehenswert

❶ Festung Lovrijenac
| Festung |

Das »Gibraltar von Dubrovnik« thront dramatisch auf einem 37 m hohen Felsen, nordwestlich des Haupttors Vrata od Pile (Pile-Tor): Die bis zu 6 m dicken Wände schützten die Stadtmauer zusätzlich – heute belagern »Game of Thrones«-Serienfans das Bollwerk. 1018 wurde mit dem Bau begonnen, fertig war er erst im 16. Jh. Über dem Eingang prangt der lateinische Leitspruch, dass man »für kein Geld der Welt seine Freiheit verkaufen werde« (Non Bene Pro Toto Libertas Venditur Auro). Bis heute gilt »Libertas« als das Leitmotto der Stadt.

ADAC *Spartipp*

Die **Dubrovnik-Card** lohnt sich, wenn man – neben der Stadtmauer – auch noch ein, zwei Museen anschauen will, zudem kann man den Bus kostenlos nutzen. Mehrtageskarten sind auch in den Museen von Cavtat und Čilipi gültig. Kosten: 250/300/350 HRK für 1/3/7 Tage. Erhältlich z. B. in der TZ am Pile-Tor oder online, www.dubrovnikcard.com.
Wer nur Museen anschauen will, kann ein Kombi-Ticket für die Museen erwerben, www.dumus. hr, 120 HRK.

allerdings weitaus mehr, als Dubrovnik verträgt. Die Stadtverwaltung versucht die Besucherströme in den Griff zu bekommen, zuletzt mit einer Begrenzung auf höchstens zwei Kreuzfahrtschiffe pro Tag.

Wer die Altstadtkulisse aus einer anderen Perspektive sehen will, stoppt bei der Anreise auf der mächtigen Franjo-Tuđman-Brücke oberhalb des Hafens Gruž, klettert auf die Wehrmauer hinauf, fährt mit der Seilbahn auf den Berg Srđ oder mit dem Boot auf die Insel Lokrum. Baden lässt es sich östlich der Altstadt: Rappelvoll, aber am nächsten dran ist der Stadtstrand Banje; bis zum Strand Sveti Jakob sind

ADAC *Mobil*

Stadtbus Die städtischen Bus-linien laufen stadteinwärts zentral vor dem Pile-Tor zusammen. Karten gibt es beim Fahrer (15 HRK) oder am Tisak-Kiosk (12 HRK). Vom Pile-Tor auf die Halbinsel Lapad fahren die Busse 4, 5, 6 und 9, zum Fähr-/Kreuzfahrthafen Gruž (ca. 2 km) Nr. 1 und 3.

Tuk-Tuk Dubrovnik lässt sich mit dem Mini-Elektromobil »Tuk-Tuk« entdecken (frühzeitig reservieren!), www.ecotuktoursdu.hr, 3 Std. ca. 45 €/Pers.

Fähren Ab dem Hafen Gruž kommt man – mit und ohne Auto – auf die Inseln Mljet, Korčula, Lastovo, Hvar, Brač und die Elaphiten.

Parken im Hafen Gruž 15 HRK/Std. bzw. 200 HRK/Tag für Pkw (Obala Pape Ivana Pavla II br. 1). *www.gv-line.hr, www.jadrolinija.hr*

■ Ul. od Tabakarije 29, tgl. 8–19 Uhr, 50 HRK (oder Dubrovnik Card/Stadt-mauer-Ticket)

② Liebesgeschichten-Museum
| Museum |

Ungewöhnlich, etwas schräg, aber absolut liebenswert

Eine große Liebe, die mit einer lila-farbenen Fliege begann? Im Liebesgeschichten-Museum (Love stories museum) wird anhand einzelner Ausstellungsstücke erzählt, welche besondere Rolle diese für (bekannte und unbekannte) Liebespaare spielten. Trennungen kommen in dem kleinen Privatmuseum (kaum) vor, und das macht herrlich gute Laune! Wer will, pinnt sein eigenes Paar-Selfie an die Wand. Die Begleittexte sind auf Kroa-tisch und Englisch, eine Kinderspiel- und Selfie-Ecke gibt es auch.

■ Ul. od Tabakarije 2, www.lovestoriesmuseum.com, Sommer tgl. 10–21, Winter 10–16 Uhr, 50 HRK, erm. 35 HRK, unter 10 Jahre frei

③ Stadtmauer
| Stadtmauer |

Steinalte Wehrmauer mit Eck-türmen und Festungsanlagen

Steile Steintreppen führen an der Innenseite des Pile-Stadttors hinauf, dann geht es – treppauf und treppab – einmal um die ganze Altstadt: Die knapp 2 km lange Wehrmauer wird von mehreren Bastionen und fünf Eck-türmen durchbrochen. Entgegen dem Uhrzeigersinn erreicht man zunächst das Fort Bokar. Mit Meerblick geht es anschließend weiter nach Osten zur Festung Sveti Ivan (hl. Johannes), die den Altstadthafen beschützen sollte. Im Nordosten wacht die Festung Revelin über das Ploče-Stadttor (Vrata od Ploče). Der Rundturm im Nordwesten, Fort Minčeta, mit seinen Schießscharten, ist das Wahrzeichen von Dubrovnik. Direkt unterhalb versteckt sich ein relativ neues Museum, Kula Gornji ugao, die Ausgrabungsstätte einer Gießerei aus dem späten 15. Jh. im »Oberen Eckturm« (tgl. 10–17 Uhr, 30 HRK). Von dort gelangt man flink wieder zum Pile-Stadttor.

Wer sich keine ganze Runde zutraut, kann den Weg abkürzen: Ein- und Ausgänge existieren auf beiden Seiten

Gefällt Ihnen das?

Dubrovniks Stadtmauer ist imposant! **Mächtige Wehrmauern** gibt es aber auch in Ston (S. 99) und Korčula (S. 101) zu bestaunen.

Dubrovnik

Gornji Ugao **3**
Fort Minčeta
Stadtmauer
Kirche Sv. Spas **3**
Franziskaner-kloster **5**
War Photo Limited **6**
Prijeko
Synagoge
Stradun **4**
Izmedu Polača
Kirche der hl. Verkündigung
Sv. Vlaho **7**
Kirche
Moschee
Gundulićeva poljana
Poljana Marina Držića
Buničeva poljana
Kathedrale Mariä Himmelfahrt **11**
Jesuiten-Kloster
Sv. Petar Turm
Sv. Margarita Kapelle
Sv. Stjepan Turm
Sv. Margarita Turm

Kralja Petra Krešimira IV
Zagrebačka
Berg Srđ Seilbahn **12**
Ploče
Maria Perića
Hvarska
Buže-Tor
Fort Revelin
Dominikaner-kloster **9**
Ploče-Tor
Put F. Supi
Sv. Luka Turm
Stara luka
Lokru...
Zlatarska
Sponza-Palast
Palača Sponza **8**
Kleiner Onofrio-Brunnen
Uhrturm
Rathaus
Stadtmuseum
Rektorenpalast **10**
Fort Sv. Ivan
Fort Sv. Ivan **3**
Aquarium Porporela Meeresmuseum
Sv. Spasitelj Turm

Izmedu Vrta
Pile
Dr. Ante Starčevića
Brsalje
Liebes-geschichten-Museum **2**
Pile-Tor **10**
Onofrio-Brunnen
(Placa)
Sv. Klara Kloster
Fort Bokar **3**
Ethnografisches Museum (Rupe)
Festung Lovrijenac **1**
Altstadt
od Rupe
za Rokom
Široka
Vara
od Domina
J. J. Strossmayera
od Kaštela
Miha Pracata
od Margarita
Puča
od pučа
od Pustijerne
D. Jude
Pred Dvorom
od Margarita

0   150 m

des Stradun (Pile- und Ploče-Tor) sowie bei der Festung Sveti Ivan. Schatten gibt es kaum, Sonnenschutz und Getränke nicht vergessen!

■ Ticket: 200 HRK, gilt auch für die Festung Lovrijenac (oder Dubrovnik Card)

■ Aquarium: www.imp-du.com, Juli, Aug. tgl. 9–22, Juni, Sept. 9–21, übrige Zeit bis 18 Uhr, 60 HRK, Dubrovnik Card gültig

4 Stradun

| Flaniermeile |

Die zentrale Fußgängermeile Stradun, deren eigentlichen Namen »Placa« kaum jemand nutzt, ist gerade mal 293 m lang. Sie verbindet die beiden Stadttore, das Pile-Tor im Westen und das Ploče-Tor im Osten. Alle Häuser haben einheitlich grüne Holz-Fensterläden und beherbergen im Erdgeschoss Geschäfte oder Cafés. Beide

Enden der Straße markiert ein Platz mit einem Brunnen des neapolitanischen Baumeisters Onofrio della Cava (15. Jh.): Der Große Onofrio-Brunnen beim Pile-Tor ist ein beliebter Treffpunkt für Stadtführungen. Das Ostende des Stradun markiert der Kleine Onofrio-Brunnen auf dem Luža-Platz. Parallel zum Stradun verlaufen zwei weitere Straßen: Prijeko und Ul. od puča, mit Restaurants und Souvenirgeschäften, die durch enge Quergassen mit dem Stradun verbunden sind.

5 Franziskanerkloster

| Kloster |

Das Franjevački samostan im romanischen Stil hütet eine wertvolle Bibliothek, einen schönen Kreuzgang und die älteste Apotheke Europas, die seit 1317 ununterbrochen betrieben

wird. Ein Verkaufsschlager sind die Kräutercremes und das Rosenöl, das nach uralten Klosterrezepten hergestellt wird.

■ Stradun 2, Sommer tgl. 9–18, Winter 9–14 Uhr, 30 HRK, erm. 15 HRK

6 War Photo Limited
| Fotomuseum |

Es sind erschütternde Momentaufnahmen mit der Kamera. Sie erinnern an den blutigen Zerfall Jugoslawiens. Die ausgestellten Fotos stammen von berühmten Kriegsfotografen.

■ Antuinska 6, www.warphotoltd.com, Mai–Sept. tgl.10–22, April/Okt. Mi–Mo 10–15 Uhr, 50 HRK, erm. 40 HRK

7 Kirche Sveti Vlaho
| Kirche |

Auf den Treppen der hübschen, barocken Blasius-Kirche (1715, Sveti Vlaho) wacht der steinerne Stadtpatron über den Stradun. Er hält ein Stadtmodell in der Hand, das die Stadt vor dem großen Erdbeben von 1667 zeigt. Vor der Kirche erhebt sich die Roland-Säule (Orlandov stup).

8 Palača Sponza
| Gebäude |

Der Sponza-Palast, ein Renaissance- und Gotikbau mit Arkaden (1516–1521), zählt zu den schönsten Gebäuden der Stadt. Es ist eines der wenigen Gebäude, die das große Erdbeben unbeschadet überstanden haben. Werfen Sie einen Blick in den Innenhof mit seinem Kreuzgang! Das Gebäude selbst kann nicht besichtigt werden, darin befindet sich das Staatsarchiv.

Am Ende des Stradun liegt der Luža-Platz mit dem Sponza-Palast, heute Staatsarchiv, und dem Glockenturm

9 Dominikanerkloster
| Kloster |

Das gotische Dominikanski samostan (13. Jh.) wurde wunderbar zwischen Wehrmauern und Revelin-Festung in der östlichen Altstadt eingebettet, kurz vor dem Ploče-Tor. Sehenswert ist der Kreuzgang sowie eine kostbare Goldschmiedekunst-Sammlung. Die Kirche wird längerfristig restauriert.

■ Ul. Sv. Dominika 4, tgl. 9–18 Uhr, 30 HRK, erm. 20 HRK

10 Rektorenpalast
| Kunstmuseum |

In dem markanten Rektorenpalast (Knežev dvor, 15. Jh.) hatte der Statthalter von Dubrovnik seinen Sitz. Heute zeigt das Kulturhistorische Museum darin Barock- und Rokoko-Möbel, Gemälde, Münzen und Waffen. Der Innenhof ist prächtige Konzertkulisse des Sommerfestivals.

■ Pred Dvorom 3, www.dumus.hr, April–Okt. tgl. 9–18, Nov.–März 9–16 Uhr, 80 HRK (Kombi-Ticket/Dubrovnik Card)

11 Kirche Mariä Himmelfahrt
| Kathedrale |

Die Schatzkammer der barocken Katedrala Uznesenja Marijina (18. Jh.) hütet Reliquien, Gold und Silber, die bei der Prozession am 3. Februar durch die Straßen getragen werden.

■ Ul. kneza Damjana Jude 1, Kathedrale tgl. 7.30–19, Schatzkammer (riznica) Sommer Mo–Sa 9–16, So 11.30–16, Winter 9–12, 15.30–17 Uhr, 20 HRK

12 Berg Srđ
| Aussichtspunkt |

20 *In vier Minuten hoch über die Altstadt schweben*

Mit der Seilbahn dauert der Aufstieg auf den Hausberg Srđ (412 m) nur wenige Minuten: Ein besseres Panorama auf das rote Dächergewirr gibt es nicht. Das Fort Imperial an der Bergstation wurde unter Napoleon 1808 gebaut, es beherbergt das Museum des Heimatkrieges, das die schrecklichen Ereignisse mit Fotos, Waffen und Karten anschaulich macht. Vom Berg Srđ wurde die Altstadt von Dubrovnik ab 1991 beschossen, viele Gebäude wurden zerstört – und wieder saniert. Anfahrt mit dem Auto über den Berg Bosanka, Abzweigung südlich von Dubrovnik (asphaltiert), ca. 5 km.

■ Talstation (ca. 400 m nördlich des Ploče-Tors): Ulica Petra Krešimira IV bb, www.dubrovnikcablecar.com, 150 HRK, erm. 60 HRK; Heimatkriegs-Museum April–Okt. tgl. 8–18, Nov.–März 8–16 Uhr, 30 HRK, bis 12 Jahre frei

ADAC *Mobil*

Die Altstadt von Dubrovnik ist im Sommer wirklich rappelvoll! Entspannter ist ein Besuch in der Vor- oder Nachsaison, etwa im April oder Oktober. Warum nicht im Dezember, wenn an heimeligen Holzbuden Glühwein ausgeschenkt wird? Zwischen Juni und September empfiehlt es sich, entweder recht früh am Morgen oder am Abend zu kommen, wenn die Kreuzfahrtschiffe und Reisebusse wieder fort sind. Seilbahn, Stadtmauer und Museen haben bis spät geöffnet und die warme Straßenbeleuchtung taucht die Altstadtgassen in ein stimmungsvolles Licht. Ein Online-Besucherkalender in Ampelfarben sagt voraus, wann es voll wird (auf Engl.).
www.dubrovnik-visitors.hr/ prediction

P Parken

Dubrovniks autofreie Altstadt gilt es, im Einbahnstraßen-System zu umfahren. Öffentliche Parkplätze sind begehrt (5–75 HRK/Std.). Wer von Westen kommt, sollte lieber gleich ins **Parkhaus Ilijina Glavica** (Zagrebačka ulica) und von dort zu Fuß oder mit dem Bus in die Altstadt. ■ www.sanitat.hr/en

Restaurants

In Dubrovnik hat sich eine internationale Gastro-Szene etabliert, die von Sushi über Fusion- bis hin zu Balkan-Küche reicht. Die meisten Restaurants in der Altstadt sind preislich eher im gehobenen Bereich.

€ | Konoba Tabak Die Taverne im Stadtteil Gruž wirkt auf den ersten Blick eher wie eine Imbissbude, serviert aber solide Tagesgerichte. Hier gehen die Einheimischen gerne essen. ■ Vukovarska ul. 32 a, Tel. 020/35 72 42, Mo–Sa 8–18 Uhr, Plan S. 107, nordwestl. a1

€ | Preša Ein erschwinglicher Snack in der eher hochpreisigen Altstadt von Dubrovnik: leckere Ćevapčići, große Salate und Palatschinken. Mit kleiner Sitzgelegenheit. ■ Đorđićeva 2, Tel. 098/989 29 42, tgl. 9–23 Uhr, Plan S. 107, b2

€€–€€€ | Azur Das Restaurant nahe der Buža-Bar ist schwer angesagt: Fusion- und Mittelmeer-Küche mit asiatischer Note! ■ Ul. Pobijana 10, Tel. 020/23 48 06, www.azurvision.com, März–Mitte Nov. Di–So 12.30–22 Uhr, Plan S. 107, c4

€€–€€€ | Fish Bar El Pulpo In dem winzigen, gemütlichen Lokal mit Dachterrasse werden Fischgerichte als Fisch-Burger oder Fish & Chips modern interpretiert. ■ Mate Vodopića 6 (Halbinsel Lapad), Tel. 020/29 40 28, tgl. 10–24 Uhr, Plan S. 107, nordwestl. a1

Heute kaum noch vorstellbar: Vom Berg Srđ aus wurde Dubrovnik beschossen

 Cafés

Buža Bar und Buža II Ziemlich versteckt führt ein Loch in der südlichen Stadtmauer zum Kult-Café Buža, wo ein internationales Publikum auf Felsstufen einen »Sundowner« schlürft. Ein ultimativer und legendärer Platz in Dubrovnik. Östlich davon sitzt man ebenfalls spektakulär im neueren Buža II. ■ Südliche Altstadt; Buža: dem Schild »Cold drinks« folgen; Buža II: Ul. Ispod Mira, tgl. 8–22 Uhr, Plan S. 107, c4

21 **Cave Bar More** Auf Felsen trifft man sich zum Sundowner am Meer oder sichert sich gleich einen Platz in der stylischen Bar, die sich in einer echten Tropfsteinhöhle befindet! ■ Šetalište Nika i Meda Pučića 13 (Hotel More), Halbinsel Lapad, http://cavebar-more.com, tgl. 10–24 Uhr, Plan S. 107, nordwestl. a1

 Einkaufen

Guliver Qualitativ hochwertige, stylische Ledertaschen und -schuhe, made in Croatia. ■ Gundulićeva poljana 4, www.guliver.hr, Plan S. 107, c3

Tržnica Der Bauernmarkt auf dem Altstadt-Platz Gundulićeva poljana ist ein guter Ort, um sich mit Likören oder Lavendelsäckchen einzudecken. Benannt ist der Platz nach dem berühmten Dubrovniker Barockdichter Ivan Gundulić, dessen Denkmal über den Platz wacht. ■ Sommer Mo–Sa 6–14, So 6–11, Winter 6–12 Uhr, Plan S. 107, c3

 Kneipen, Bars und Clubs

Am Abend trifft man sich in den Cafés in der Altstadt, oft mit Livemusik. Auf der Hotel-Halbinsel Lapad/Babin kuk reihen sich in der Fußgängerpromenade Šetalište kralja Zvonimira viele Cafés und Restaurants aneinander.

Club Lazareti Östlich des Ploče-Tors geht es zur früheren Quarantänestation von 1377. Heute wird hier am Abend getanzt. ■ Ul. Frana Supila 10, www.lazareti.com, Plan S. 107, östl. d1

 Kinder

Nördlich und südlich des Stradun führen schmale Treppengassen hinauf. Mit dem Kinderwagen kommt man da nicht weit – lieber auf eine Babytrage oder »Kraxe« umsteigen! Falls die Kleinen eine Auszeit brauchen: Zwischen Pile-Tor und Stradun führt ein Loch in der Mauer zu einem Spielplatz.

 Events

Dubrovačke ljetne igre Die Sommerfestspiele von Dubrovnik haben eine lange Tradition. Seit 1956 verzaubern sie ihr Publikum. Geboten werden klassische Musik, Ballett und Theater, auf den Festungen und in verschiedenen malerischen Innenhöfen der Stadt.■ 10. Juli–25. Aug., www.dubrovnik-festival.hr

ADAC *Mittendrin*

Wenn die Dubrovniker alljährlich am 3. Februar ihren **Stadtpatron Sveti Vlaho** (hl. Blasius) feiern, treffen sich alle auf dem Stradun: Ein Dutzend (Erz-)Bischöfe aus ganz Kroatien, Pilger in Volkstrachten, Pfadfinder, Familien und Touristen. Die beeindruckende, stundenlange Prozession, die seit 1190 abgehalten wird, gehört seit 2009 zum immateriellen UNESCO-Weltkulturerbe.

 Sport

Kajak-Tour rund um Dubrovnik und auf die Insel Lokrum, 30 Min. Paddeln. ■ www.adriatickayaktours.com

 In der Umgebung

Insel Lokrum
| Insel |

22 *Verwilderte Barockgärten und duftende Pinien*

Die bewaldete, grüne Naturreservat-Insel Lokrum vor der Altstadt ließ Erzherzog Maximilian von Habsburg im 19. Jh. umgestalten: Das ehemalige Benediktinerkloster (1798 aufgelöst), heute das Inselrestaurant, wurde seine Residenz. Eine Ausstellung zeigt Fotos der Dreharbeiten zu »Game of Thrones«. Auf der höchsten Inselkuppel (97 m) thront das Fort Royal aus Napoleons Zeiten. Im Salzsee Mrtvo more (»Totes Meer«), lässt es sich gut baden.

■ www.lokrum.hr, 15 Min. Bootsfahrt ab Stadthafen (April–Okt.), halbstdl./stdl. 9–19/20 Uhr (je nach Saison), Fährticket inkl. Eintritt 150 HRK, erm. 25 HRK

Arboretum Trsteno
| Baumpark |

23 *Parkanlage am Meer mit langer Vergangenheit*

Der geometrisch angelegte Park, 18 km nördlich von Dubrovnik, breitet sich seit über 500 Jahren um die Sommervilla der Familie Gučetić aus. So alt sind auch die beiden mächtigen Platanen in Eingangsnähe! Die Dubrovniker Kapitäne brachten Eukalyptus, Campher und Pflanzen aus aller Welt mit. Beliebtes Fotomotiv: der barocke Neptunbrunnen mit winziger Grotte. Unterhalb des Parks versteckt sich ein

Im Blickpunkt

Winnetous und Robin Hoods Filmheimat: Drehorttourismus

Falls Sie noch nie von der Hauptstadt »King's Landing« gehört haben, kennen Sie die erfolgreiche US-Fantasy-Serie »Game of Thrones« vermutlich nicht. Gedreht wurde auch rund um Dubrovnik. Seither bevölkern Fans die Drehorte und Fantasy-Souvenirshops in der Altstadt. Im Rektorenpalast lebte ein Gewürzkönig, das Arboretum in Trsteno ist im Film der »Rote Bergfried«. Dubrovnik war auch Drehort von »Star Wars Episode VIII«: 600 Sicherheitsleute sorgten mithilfe von Drohnen dafür, dass niemand unerlaubte Aufnahmen von den Dreharbeiten machte. Auch der Kinofilm »Robin Hood: Origins« wurde 2017 in Dubrovnik aufgenommen.

Game of Thrones-Stadtführungen, Treffpunkt: Großer Onofrio-Brunnen, www. dubrovnik-walking-tours.com, tgl. 11, im Sommer auch 9.30, 16, 17 Uhr, 200 HRK

idyllischer Strand. Fans von »Game of Thrones« haben den Drehort für sich entdeckt.

■ Bus Nr. 12 ab Dubrovnik, Potok 20, Trsteno/Zaton Veliki (an der Adria-Magistrale), Sommer tgl. 7–19, Winter 8–16 Uhr, 50 HRK

Mostar, Bosnien und Herzegowina
| Stadtbild |

Organisierte Tagesausflüge ins Nachbarland Bosnien und Herzegowina werden von allen Küstenorten in Süddalmatien angeboten. Highlight ist Mostar (113 000 Einw.), die Hauptstadt der Herzegowina. Dort spannt sich die rekonstruierte Alte Brücke (Stari most) malerisch über die Neretva. In der Nähe lässt es sich gut an Marktständen stöbern, durch enge Gassen bummeln und einen Blick vom Minarett der Koski Mehmed-Paša-Moschee (Mala Tepa 16, 6 €/12 KM) aus osmanischer Zeit (1617) werfen. Einige Anbieter stoppen im berühmtesten Marien-Wallfahrtsort Međugorje, der jährlich über 1 Mio. Pilger anzieht.

 # 35 Elaphitische Inseln

Malerische Inselgruppe vor den Toren Dubrovniks

ℹ Information

■ TIC Šipan, Luka bb, 20223 Šipanska Luka, Tel. 020/75 80 84
■ TIC Lopud, Obala Iva Kuljevana 12, 20222 Lopud, Tel. 020/32 23 22

Hauptattraktion des Elaphiten-Archipels (Elafiti, Elafitski otoci) sind drei ständig bewohnte Inseln mit sehr guter Fährverbindung nach Dubrovnik. Im goldenen Zeitalter der Republik Ragusa zog der Adel Sommerresidenzen auf den Inseln hoch und ließ dort Kirchen bauen – von denen einige noch mehr oder weniger gut erhalten sind.

So ruhig es dort in der Nebensaison zugeht, so trubelig ist der Sommer, wenn Ausflugsboote und Tagestouristen aus Dubrovnik mit der Fähre anlegen. Auch Nautiker haben die Inselgruppe für sich entdeckt.

Aus der Luft offenbart sich die ganze Schönheit des Nationalparks Mljet

👁 Sehenswert

Koločep
| Insel |

Koločep (150 Einw., 2,4 km²) oder Kalamota, wie die Einheimischen sagen, ist eine winzige, autofreie Insel. An der Mole des gleichnamigen Hauptortes lässt es sich – mit Blick auf die im Hafen dümpelnden Fischerboote – prima Cappuccino trinken. Ein schmaler Fußweg (1,5 km) führt ins ruhigere Dörfchen Gornje Čelo, wo ein schöner Strand lockt.

Lopud
| Insel |

Die autofreie Insel Lopud (250 Einw.), zwischen Kolocep und Šipan gelegen, gilt für viele als die schönste des Archipels: Subtropisch blühende Gärten und Parks erfreuen das Auge der Besucher. An der Uferpromenade wartet eine Handvoll Restaurants auf Tagestouristen aus Dubrovnik. Am Sandstrand Šunj – auf der gegenüberliegenden Seite der Fähranlegestelle – kann man Liegen und Sonnenschirme mieten, ein Abschnitt ist FKK-Anhängern vorbehalten. Erwarten Sie dort allerdings im Sommer keine Einsamkeit! Wer zu Fuß zum Strand Šunj möchte, geht 20 Minuten über hügeliges Terrain, bequemer ist es mit dem Golf-Buggy (15 HRK).

Šipan
| Insel |

Šipan (500 Einw., 16 km²), die größte und bevölkerungsreichste Insel des Trios, auch »Goldene Insel« genannt, prägen viele Olivenbäume und Weingärten. Auf der (fast autofreien) Insel gibt es zwei kleine Häfen, die eine 5 km lange Straße verbindet: Suđurađ im Osten (zum Baden und Espresso trinken) und Šipanska Luka im Westen (mit guten Restaurants). Einige alte Kirchen und Sommerresidenzen wurden befestigt und dienten der Abwehr feindlicher Piraten. Die Sommervilla des Dubrovniker Schiffsbauers Vice Stjepović-Skočibuha erinnert an eine Festungsanlage.

Restaurants

€€€ | **Obala** Fisch in Salzkruste und Scampi im würzigen Buzara-Sud gibt es direkt an der Promenade von Lopud. Wer in erster Reihe am Meer sitzen will, sollte reservieren. ■ Obala Iva Kuljevana 18, Lopud, Tel. 098/51 27 25, http://www.obalalopud.com, tgl. 10–23.30 Uhr

36 Insel Mljet

Sattgrüne Nationalpark-Insel mit Salzseen und Klostereiland

Information

■ TZ Mljet, Zabrježe 2, 20225 Babino Polje, Tel. 020/74 60 25, www.mljet.hr, Mo–Fr 8–14 Uhr

Mljet (1100 Einw.), weit im Süden Dalmatiens, gehört zu den am dichtesten bewaldeten Inseln. Wenige Dörfer durchbrechen die hügelige Landschaft mit ihren versteckten Buchten und Sandstränden. In der Inselmitte findet sich der winzige Hauptort Babino polje, im äußersten Osten wird an gleich drei feinen Sandstränden bei Saplunara gebadet, und der Westen ist mit seinem Nationalpark-Status ein Paradies für Naturliebhaber und Wanderer. Auf Mljet gibt es nur ein Hotel (Odisej), übernachtet wird in Privat-

ADAC *Spartipp*

Wer eine der Inseln kennenlernen möchte und sein eigenes Picknick mitbringt, kommt sehr günstig mit der Linienfähre (4x tgl., www.jadrolinija.hr) auf die Eilande – für gerade mal 19 HRK, erm. 9,50 HRK (einfache Fahrt, egal auf welche der drei Inseln). Der Vorteil: Sie haben mehr Zeit, jede Insel zu erkunden. Organisierte Touren, die in allen Küstenstädten angeboten werden (»Drei-Insel-Tour«, mit Picknick) kosten ab 300 HRK/Pers.

unterkünften – eine ideale Insel also für Individualisten, die ohne Nachtleben auskommen. Der Legende nach soll Odysseus auf Mljet gestrandet sein und gleich sieben Jahre in einer Höhle (südlich von Babino polje) verbracht haben, im Bann der Nymphe Kalypso, so die Legende.

Sehenswert

Nationalpark Mljet
| Nationalpark |
Der Westen der Insel hat schon seit 1960 Nationalpark-Status (54 km²): Pinien, Kiefern, Zypressen, eine schöne Küste und wenige Ortschaften wie Polače mit antikem Kastell erstrecken sich hier. Lieblings-Fotomotiv ist die winzige Klosterinsel der Benediktiner, Sveta Marija (hl. Maria, 12. Jh.), die sich im südlichen Abschnitt des Salzsees Veliko jezero (»Großer See«) erhebt. Der See ist mit dem benachbarten, seichten Malo jezero (»Kleiner See«) verbunden.
■ www.np-mljet.hr, 125 HRK, erm. 70 HRK, unter 7 Jahre frei, Nebensaison 70/50 HRK

Verkehrsmittel

Trajekt bzw. Katamaran ab Split oder Dubrovnik (Route: Split–Brač–Hvar–Korčula–Mljet–Dubrovnik); kürzeste Anreise: Prapratno (Pelješac)–Sobra (Mljet). ■ www.jadrolinija.hr

37 Insel Lastovo

Abgeschiedene Insel mit markanten Schornsteinen

 Information

■ TZ, Pjevor 7, 20290 Lastovo (Ort), Tel. 020/80 10 18, www.tz-lastovo.hr

Die ruhige, naturbelassene Insel Lastovo (700 Einw., 46 km²) ist fast noch ein Geheimtipp. Napoleon platzierte sein Heer auf Lastovo und blieb fünf Jahre: Dabei ließ er die mittelalterliche Festung Kašćel im Inselhauptort Lastovo, die Hauptattraktion der Insel, ausbauen. Das Örtchen ist für seine ungewöhnlich hohen, schmalen Schornsteine bekannt. Nach dem Ersten Weltkrieg gehörte Lastovo zu Italien, zu jugoslawischer Zeit waren 800 Soldaten hier stationiert, die Insel war für Besucher gesperrt. In Skrivena luka (»Versteckter Hafen«), mit kleinem Kiesstrand, reckt sich der 25 m hohe Leuchtturm Struga in den Himmel (1839). Bei Pasadur gibt es das einzige Inselhotel (Solitudo), ansonsten kann man hier gut Radfahren (Nextbike-Stationen in Ubli und Lastovo) und spazieren gehen.

 Verkehrsmittel

Fähre/Personenschnellboot nach Ubli (Lastovo). ■ Ab Dubrovnik: www.gv-line.hr, ab Split: www.jadrolinija.hr

 Restaurants

€€ | **Triton** Segelcrews stoppen hier gerne: Fangfrischer Fisch wird zu zartem Carpaccio verwandelt oder auf den Grill gelegt. ■ Zaklopatica 15, Lastovo (Ort), Tel. 020/80 11 61, www.triton.hr, tgl. 7–24 Uhr

 Erlebnisse

Der Nachthimmel ist auf Lastovo so dunkel wie kaum anderswo in Dalmatien: einfach perfekt, um den Sternenhimmel zu beobachten!

38 Cavtat

Mittelalterlicher Badeort zwischen zwei Halbinseln

 Information

■ TZ, Zidine 6, 20210 Cavtat, Tel. 020/47 90 25, visit.cavtat-konavle.com

Der Badeort Cavtat (2100 Einw.) schmiegt sich sichelförmig zwischen zwei malerische Halbinseln in eine tiefe Bucht und lockt mit mehreren Stränden in der Umgebung. Im Sommer bevölkern Badegäste die Strand-

ADAC *Spartipp*

Kostenlose Events, an denen Besucher teilhaben können, sind z. B. der »**Sommer von Cavtat**« (Ende Juni–Anf. Aug.) mit Klapa-Chören, Tänzen und Musik. Höhepunkte sind der **Sommerkarneval** (Anfang Juli) und das **Fest der Maria Schnee** (5. Aug.) mit Prozession. *Programm unter www.visit. cavtat-konavle.com*

Von Bergen gerahmt und mit glasklarem Meerwasser gesegnet: der Badeort Cavtat

hotels oder essen Eis an der Riva, in der Nebensaison gilt Cavtat mit mehreren Luxus-Hotels als führender internationaler Konferenzort in Kroatien. Cavtat blickt auf eine lange Geschichte zurück: Hier gründeten die Griechen Epidauros (228 v. Chr.), später nannten die Römer die Siedlung Epidaurum. Als die Awaren Cavtat im 7. Jh. zerstörten, flüchteten die Bewohner nach Norden und gründeten das heutige Dubrovnik.

Sehenswert

Račić-Mausoleum
| Grabkapelle |
Eine gut ausgebaute Rundpromenade führt über die Halbinsel immer am Meer entlang, an felsigen Badebuchten und einem kleinen Strand vorbei. Dann leiten Treppen die Besucher auf eine bewaldete Bergkuppe mit Fried-

hof: Dort thront das Mausoleum der Reederfamilie Račić. Ivan Meštrović, ein Freund der Familie, entwarf dieses bauliche Meisterwerk 1921. Im Inneren symbolisieren Skulpturen Geburt, Tod und das ewige Leben. Ein kürzerer Weg führt hinab, über Treppengassen kommt man rechter Hand wieder auf die Uferpromenade.

■ Mausoleum Mo–Sa 10–17 Uhr, 20 HRK

Kuća Bukovac
| Museum |
Das Geburtshaus des berühmten kroatischen Malers Vlaho Bukovac (1855–1922), der zu den Begründern der Kroatischen modernen Malerei gehört, gibt auf drei Etagen interessante Einblicke in seine frühe Schaffensperiode. Audioguide via Smartphone-App.

■ Bukovčeva ul. 5, Tel. 020/47 86 46, April–Okt. Mo–Sa 9–18, So 9–14 Uhr, Nov.–März verkürzt, 20 HRK

Zypressen umgeben die Festung Sokol grad über dem weiten Konavle-Tal

Verkehrsmittel

Im Sommer Bootsverkehr zwischen dem alten Stadthafen Dubrovnik und Cavtat. ■ Juni–Sept., 80 HRK

Parken

Zentraler, großer Parkplatz **vor der Altstadt** (Pkw 5 HRK/Std., Wohnmobile 70 HRK/Std.).

Restaurants

€€€ | **Bugenvila** Kreativ bunte, grüne Terrasse mit schlichten Holztischen und großer Schauküche. Hier kehrt man zu Prosecco, Austern oder einem Menü mit zartem Petersfisch ein! Spartipp: Mittagsmenü. Reservierung empfohlen. ■ Put dr. Ante Starčevića 9, Tel. 020/47 99 49, http://bugenvila.eu, tgl. 12–15, 18–21.30 Uhr

Sport

Das deutschsprachige **Tauchzentrum Epidaurum** bietet Tauchgänge zu einem antiken Schiff mit einer Ladung Amphoren auf dem Meeresgrund an. ■ Šetalište Žal, Cavtat (am Strand des Hotels Epidaurus), Tel. 020/47 14 44, https//epidaurum.com

39 Region Konavle

Mediterrane Vegetation schmeichelt Kroatiens äußerstem Süden

Information

■ TZ, Zidine 6, 20210 Cavtat, Tel. 020/47 90 25, https://visit.cavtat-konavle.com

Überraschend mediterran und grün präsentiert sich Kroatiens äußerster Süden: Im Frühjahr blühen hier Mandelbäume, grüner Wildspargel wächst am Wegrand, Zypressen und Pinien prägen diesen schmalen, sehr reizvollen Landstrich (8500 Einw., 209 km²) südlich des Flughafens von Dubrovnik. Die Küste ist hier oft steil, die Ebene durchzieht der Fluss Ljuta, an alten Wassermühlen vorbei. Im Norden begrenzen der Berg Snježnica (1234 m) und das gebirgige Nachbarland Bosnien und Herzegowina die Region Konavle. Im Süden ragt die frühere Militär-Halbinsel Prevlaka in die Bucht von Kotor hinein, die bereits zu Montenegro gehört. Mehr als 30 Dörfer verteilen sich in der Gegend, die im jüngsten Heimatkrieg stark gelitten hat. Bekannt ist die Region für ihre alten Volkstrachten und Brauchtümer, die in der größten Ortschaft Čilipi stolz jeden Sonntag beim Tanz präsentiert werden. Der ruhige Badeort Molunat wird von zwei Buchten eingefasst, die Sonnenuntergänge sind hier traumhaft! Wer Geduld hat, den spärlich beschilderten Wegen zu folgen, findet in der Gegend mittelalterliche Grabsteine (»stećci«), die, gemeinsam mit vergleichbaren Funden in den Nachbarländern, von der UNESCO in die Welterbe-Liste aufgenommen wurden, z. B. 2 km außerhalb von Dubravka, an der Kirche Sv. Barbara.

 Sehenswert

Konavle-Heimatmuseum, Čilipi
| Museum |

Das Zavičajni muzej Konavala in der Ortsmitte von Čilipi zeigt typische Trachten der Region, Stickereien und Wollverarbeitung. Im jüngsten Krieg brannte das Gebäude bis auf die Grundmauern ab, ein Teil der Exponate konnte in der Zisterne versteckt und so zum Glück gerettet werden.

◼ Beroje 49, Čilipi, www.migk.hr, Mo–Sa 9–13, 17–20, So 9–14 Uhr, 25 HRK

Sokol grad, Dunave
| Festung |

 Unterschätzte Klippenfestung über dem Konavle-Tal

Nichts wie hin, ehe alle kommen: Die hübsch restaurierte Festung thront auf 25 m hohen Klippen, hoch über dem Konavle-Tal (440 m). Im 14. Jh. errichtet, hatte sie eine ganz besondere strategische Bedeutung: Sie war Europas letzter Vorposten vor dem Osmanischen Reich. Nach dem steilen Aufstieg wird man mit einem hübschen Ausblick auf das Konavle-Tal belohnt oder nippt einen Espresso im Dachcafé.

◼ Dörfchen Dunave, www.citywalls dubrovnik.hr, Juni–Okt. tgl. 9–19, sonst 12–15 Uhr, 70 HRK, erm. 30 HRK

Oštri rt, Halbinsel Prevlaka
| Aussichtspunkt |

Schmal, unbewohnt und mit Macchia bewachsen, ragt Kroatiens südlichster Ausläufer in die Adria hinein: Über die 2,6 km lange Halbinsel Prevlaka führt eine einspurige Stichstraße mit nur wenigen Ausweichbuchten, die am felsigen Kap Oštri rt mündet. Dort markiert eine marode österreichische Festung auf Klippen (Mitte 19. Jh.) die Südspitze Kroatiens, bis 2023 soll hier mit EU-Mitteln ein Seefahrtsmuseum entstehen. Der Ausblick auf die Bucht von Kotor und das Festungsinselchen Mamula lohnt die Anreise! Im sozialistischen Jugoslawien war die Halbinsel Prevlaka Militärbasis, im Heimatkrieg der 1990er-Jahre umkämpft: Erst 2002 zog die UN ihre Beobachtermission dort ab – jedoch wurde das endgültige Abkommen über die Meeresgrenze zwischen Montenegro und Kroatien bis heute nicht unterzeichnet.

■ Beschilderung, 1 km vor dem Grenzübergang Konfin, Richtung Park Prevlaka, dann Oštri rt

Restaurants

€€ | Agroturizam Kameni mlin Neueres, rustikales Ethno-Ausflugsrestaurant im traditionellen Konavle-Stil mit altem Mühlstein und traditioneller, vorzüglicher Hausmannskost. ■ Bistroće 3, Čilipi, Tel. 098/30 98 20, www. kameni-mlin.com, eine Tischreservierung wird empfohlen

 €€ | Konavoski Dvori In grüner Natur neben der alten Wassermühle am Fluss Ljuta isst man sehr gute, traditionelle Spezialitäten wie Pršut, Käse, Lamm auf Peka-Art, gegrillte Forelle und Aal. Dazu wird selbst gebackenes Brot serviert. ■ Ljuta bb, Ortschaft Ljuta, Tel. 020/ 79 10 39, www.esculaprestaurants.com, Sommer tgl. 11–23 Uhr

Events

Jeden Sonntagmorgen führt die Folkloregruppe Linđo auf dem Dorfplatz von Čilipi Tänze und alte Hochzeitsbräuche auf; an Ständen werden handgefertigte Tücher, Taschen und anderes Kunsthandwerk verkauft. ■ www.cilipifolklor.hr, 45 HRK (inkl. Eintritt ins Heimatmuseum)

Sport

Der gut geführte **Reitstall Kojan-Koral** bietet organisierte Ausritte zu romantischen Orten an. ■ Popovići

bei Gruda, Tel. 099/300 50 01, www.kojan koral.hr, Dauer: bis zu 3 Std.

Wandern

Fast noch ein Geheimtipp: Die frühere Trasse der K.-u.-k.-Schmalspurbahn »Ćiro«, die von 1901–68 Sarejevo mit der militärisch intensiv genutzten Bucht von Kotor in Montenegro verband, wurde modernisiert, 33 km des grenzüberschreitenden Radwanderwegs führen durch die Region Konavle. ■ Interaktive Karte: www.ciro. herzegovinabike.ba

In der Umgebung

Bucht von Kotor, Montenegro
| Meeresbucht |

Im Süden der Region Konavle geht die Adria-Magistrale ins Nachbarland Montenegro über: Am Grenzposten vorbei schlängelt sich die Trasse um die fjordähnliche Bucht von Kotor, die von schroffen Felshängen begleitet wird. Was für ein spektakulärer Anblick! Einen Stopp lohnt das Dörfchen Perast zu Füßen des 873 m hohen Berges Sveti Ilje: Schmucke Villen und enge Sackgassen prägen den Ort. Malerisch wirken die Kloster-, Festungs- und Friedhofsinseln in der Bucht. Herceg Novi, Kotor – mit Wehrmauer und Festung Sveti Ivan, zu der 1300 Stufen hinaufführen –, Tivat und Budva haben hübsche Altstädte und Strände! Die Fähre Lepetane–Kamenari (direkt an der Adria-Magistrale E65, 15 km von Herceg Novi) benötigt nur 15 Minuten und verkehrt im 15-Minuten-Takt: Wenn man nach Kotor oder Tivat möchte, spart man eine Stunde Fahrtzeit rund um die Bucht (4,50 €/Auto).

Übernachten

In Dubrovnik und Umgebung gibt es Hotels für jeden Geschmack: Luxusoasen mit Meerblick oder günstigere Touristenhotels, die ein wenig von der Altstadt entfernt sind. Ein guter Standort in Dubrovnik ist die Hotel-Halbinsel Lapad, mit ihrem beliebten Abschnitt Babin kuk, mit Stränden und guter Busverbindung in die Altstadt. Größere Hotels teilen Sie sich oft mit Reisegruppen. In den kommenden Jahren werden neue Strandhotels entlang der Riviera von Dubrovnik entstehen. Ruhiger geht es auf den Inseln zu: Auf den Elaphiten, Mljet und Lastovo gibt es nur vereinzelt Hotels, auf Korčula ist die Auswahl größer.

Neretva-Delta 96

€ | **Merlot** Angenehmes, modernes Hotel im Neretva-Delta, nahe der Autobahn A1 und der herzegowinischen Grenze. Gut für die Durchreise. Im Restaurant werden hauseigene Weine serviert. Parkplätze gibt es gegenüber. ■ Podgradina 179/1, 20355 Opuzen, Tel. 020/61 15 22, www.hotelmerlot.com.hr

Halbinsel Pelješac 98

€€ | **Gästehaus Mimbelli** Die vier Zimmer (und ein Apartment) in der Kapitänsvilla Gurić (1885) an der Uferpromenade sind geschmackvoll und thematisch eingerichtet (z. B. »Olive«). Parkplätze vor dem Haus (Zufahrt über die Fußgängerzone). ■ Trg Mimbelli 6, 20250 Orebić, Tel. 099/734 26 76, www.peljesac-mimbelli.hr

ADAC *Das besondere Hotel*

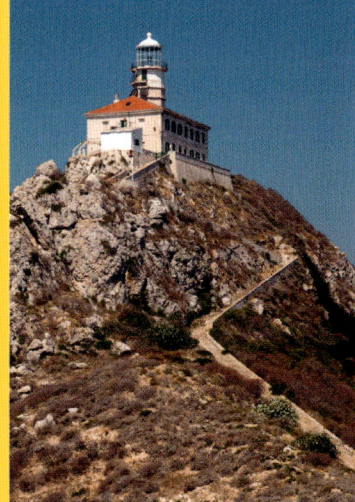

Leuchtturm, Insel Palagruža
Auf halbem Weg nach Italien erstreckt sich eine einsame, kleine Felseninsel: Palagruža. Auf deren 90 m hohen Bergrücken führt eine steile Treppe hinauf zum Leuchtturm. Dort können sich je vier Gäste in zwei Ferienwohnungen einquartieren. Der Leuchtturmwärter hilft, den Koffer mit einem Lift auf den Berg zu ziehen und wirft auf Wunsch den Grill an. Zwei Spazierwege führen über die nur 1,4 km lange Insel. Einkaufen? Geht hier nicht. Internet? Gibt es nicht, also ideal für eine Digital Detox-Diät.
€ | Leuchtturm Tel. 021/39 06 09,
www.lighthouses-croatia.com

Insel Korčula ....

€€€ | **Fabris Luxury B&B** In einem hübsch restaurierten Steinhaus in der Altstadt zu übernachten, hat Flair – aber leider auch seinen Preis. Dafür sind Sie (fast) mittendrin. Nur öffentliche Parkplätze! ■ Pelavin mir 1, 20260 Korčula (Stadt), Tel. 020/71 67 55, https://hotelfabris.com

€€€ | **Liburna** Das modernisierte Urlaubshotel (112 Zi.) mit Terrasse, Pool und kleinem Strandabschnitt blickt direkt auf die Altstadt von Korčula. ■ Put od luke 17, 20260 Korčula (Stadt), Tel. 020/72 60 06, www.korcula-hotels.com

Dubrovnik und Umgebung ....

€€ | **B&B Andio** Geschmackvolle Zimmer in einer recht ruhigen Seitengasse des Stradun. Nur empfehlenswert, wenn Sie keinen Parkplatz benötigen und steile Treppen kein Problem sind. ■ Kunićeva 4, 20000 Dubrovnik, Tel. 099/422 87 47, www.andio-dubrovnik.com

€€ | **Ivka** In dem zweckmäßigen Stadthotel mit geräumigen Zimmern steigen auch Reisegruppen gerne ab. Gutes Frühstück, kostenlose Tiefgarage, Busverbindung in die Altstadt. ■ Ul. od Svetog Mihajla 21, 20000 Dubrovnik, Tel. 020/36 26 00, www.hotel-ivka.com

€€–€€€ | **Berkeley** Familiengeführtes Hotel in der Nähe des Hafens Gruž mit stilvollen Zimmern, Pool und Tiefgarage. Mit dem Bus kommt man gut in die Altstadt. ■ Andrije Hebranga 116 a, 20000 Dubrovnik, Tel. 020/49 41 60, www.berkeleyhotel.hr

€€€ | **One Suite Hotel** Top-modernes Hotel im Badeort Srebrno an der sogenannten Riviera von Dubrovnik, mit Garten, Pool und Bio-Frühstück. In der Nebensaison faire Preise. Tiefgarage gegen Aufpreis (10 €/Tag). ■ Šetalište dr. Franje Tuđmana 1, 20207 Mlini, Tel. 020/22 20 00, https://onesuitehotel.com

Elaphitische Inseln ....

€€€ | **Lafodia Sea Resort** Von außen sozialistische Blockbauweise, von innen ein angenehm modernes Design-Hotel mit Pool und Kiesstrand. Im Wellness-Zentrum verwöhnen Essenzen mit lokalen Zitrusfrüchten, Honig oder Lavendel von der Insel die Haut. Auch Familien schätzen das Resort. ■ Obala Iva Kuljevana 51, 20222 Lopud, Tel. 020/45 03 00, www.lafodiahotel.com

Cavtat und Umgebung ....

€€ | **Supetar** Dalmatinisches Steinhaus (28 Zi., teils kleiner) direkt am Hafen und der Promenade. Buggy-Service zum Parkplatz. ■ Obala dr. Ante Starčevića 27, 20210 Cavtat, Tel. 020/30 03 00, www.adriaticluxuryhotels.com

€€–€€€ | **Konavle** Modernes, angenehmes Hotel an der Hauptstraße. Nur 5 Min. Fahrzeit vom Flughafen Dubrovnik, ideal für späte Ankunft oder frühen Abflug. ■ Bistroće 67, 20213 Čilipi, Tel. 020/44 17 00, www.hotelkonavle.com

€€–€€€ | **Remisens Hotel Epidaurus** Das vor allem bei französischen Pauschalurlaubern beliebte Strandhotel mit Pool wurde kürzlich saniert. Parkplätze inbegriffen. Unbedingt Meerblick buchen! ■ Od Žala 1, 20210 Cavtat, Tel. 020/35 05 55, www.remisens.com

ADAC *Service Dalmatien*

Beim **ADAC Infoservice**, in den **ADAC Geschäftsstellen** sowie auf dem **Internetportal des ADAC** (adac.de) erhalten Sie Informationen zu den Dienstleistungen des Automobilclubs und zu Ihrem Reiseziel. Als **ADAC Mitglied** können Sie zudem das kostenlose **ADAC TourSet® Dalmatien** mit vielen Reiseinfos und Karten anfordern oder die **TourSet App** auf dem **Smartphone** oder **Tablet-PC** installieren (adac.de/toursetapp).
Rufen Sie bei Notfällen und Pannen den **ADAC Notruf** bzw. den **ADAC Auslandsnotruf** an. Unser Team steht Ihnen rund um die Uhr zur Verfügung.

ADAC Infoservice
Tel. 0 800/51 0 11 12
Infos zu allen ADAC Leistungen
(Mo–Sa 8–20 Uhr, gebührenfrei)

ADAC Notruf Deutschland
Tel. 0 180/222 22 22
(24 Std., ca. 6 ct/Anruf, max. 42 ct/Min. aus deutschem Mobilfunknetz)

ADAC Notruf Mobil-Kurzwahl
Tel. 22 22 22
(Gebühren variieren je nach Netzbetreiber)

ADAC Auslandsnotruf
Tel. +49/89/22 22 22
(Gebühren variieren je nach Netzbetreiber und Land)

Internet-Serviceangebote des ADAC für Ihre Reiseplanung

Service	Webadresse
Aktuelle Verkehrslage	adac.de/verkehr
ADAC Routenplaner	adac.de/maps
Infos zu Tankstellen und Spritpreisen	adac.de/tanken
Infos zu mautpflichtigen Strecken	adac.de/maut
Infos zu Fährverbindungen	adac.de/faehren
ADAC TourMail (Aktuelle Infos vor Anreise)	adac.de/tourmail
Informationen für Camper	adac.de/camping
Informationen für Motorradfahrer	adac.de/motorrad
Informationen für Segler und Skipper	adac.de/sportschifffahrt
ADAC Reiseangebote	adacreisen.de
ADAC Autovermietung	adac.de/autovermietung
ADAC Versicherungen für den Urlaub	adac.de/versicherungen
Weltweite Preisvorteile für ADAC Mitglieder	adac.de/vorteile-international

Diese **Produkte des ADAC** könnten Sie interessieren: **ADAC Reiseführer Istrien und Kvarner-Bucht**, **ADAC Reiseführer Venetien und Friaul** und **ADAC Campingführer Südeuropa** – erhältlich im Buchhandel, bei den ADAC Geschäftsstellen und in unserem ADAC Online-Shop (adac.de/shop).

Anreise und Einreise

Auto

Die schnellste Route nach Dalmatien verläuft ab München über Salzburg, Villach und Ljubljana (Slowenien), von dort geht es über Karlovac (Kroatien) nach Zadar, Šibenik und Split. Von Wien reist man über Maribor (Slowenien) und Zagreb (Kroatien) an die kroatische Adria. Ab Zürich ist die Strecke via Triest (Italien) und Rijeka (Kroatien) die schnellste. In den Transitländern herrscht **Vignettenpflicht** auf Autobahnen: Die Zehn-Tages-Vignette für Österreich kostet rund 9 € (Pkw), hinzu kommen **Tunnel-Sondergebühren;** in Slowenien werden 15 € für die Wochenvignette (Pkw) fällig. Die Maut auf kroatischen Autobahnen ist nach Entfernung gestaffelt (dazu mehr auf S. 126 unter »Maut«).

Wer nach Süddalmatien reist, muss die letzten Kilometer auf der kurvenreichen Adria-Magistrale zurücklegen, da die Autobahn derzeit noch im Großraum Ploče endet. Beim »Korridor von Neum« (Bosnien und Herzegowina), den man auf dem Landweg nach Dubrovnik durchquert, kann es im Sommer zu Wartezeiten kommen. Über neue Streckenabschnitte informiert Hrvatske autoceste (www.hac.hr).

Entfernungen

München–Zadar	750 km
München–Dubrovnik	1060 km
Köln–Split	1450 km
Hamburg–Zadar	1540 km
Wien–Šibenik	700 km
Zürich–Zadar	1050 km
Zadar–Split	150 km
Split–Dubrovnik	230 km

Bahn

Wer Zeit und Geduld mitbringt, kommt auch mit der Bahn nach Dalmatien: Von München nach Zagreb muss man etwa neun Stunden Fahrtzeit einplanen (Europa-Sparpreis bei frühzeitiger Buchung, www.bahn.de), im Sommer verkehrt der Nachtzug »Lisinski« täglich auf dieser Strecke (Buchung über www.oebb.at). Die Weiterfahrt von Zagreb nach Split dauert sieben Stunden. Wer nur eine Teilstrecke mit dem Zug zurücklegen möchte, kann im Sommer den Nachtzug Zagreb–Split nehmen, mit Auto- und Motorradtransport (Kroatische Eisenbahnen: www.hzpp.hr).

Bus

Das Fernbusnetz in Kroatien ist gut ausgebaut, es gibt ganzjährig viele internationale Verbindungen. Für die Anreise nach Split muss man ab München rund 15 Stunden einplanen. Anbieter sind z. B. Eurolines (www.eurolines.de), Flixbus (www.flixbus.de) und ab der Schweiz Zelić Reisen (www.zelicreisen.ch). Tickets ab 30 € (einfach).

Flugzeug

Internationale Flughäfen gibt es in **Zadar** (ZAD), **Split** (SPU), **Dubrovnik** (DBV) und auf der Insel **Brač** (BWK): Diese werden von Linien- und Charterfliegern angeflogen, Brač jedoch nur im Sommer. Neben der kroatischen nationalen Fluggesellschaft Croatia Airlines steuern derzeit u.a. Lufthansa, Eurowings, Ryanair und Easyjet Dalmatien an (Flugzeit Hamburg–Dubrovnik 2 Std. 15 Min., Düsseldorf–Split 2 Std.). An allen Flughäfen gibt es Taxistände. In Zadar, Split und Dubrovnik stehen Mietwagen und Shuttle-Busse ins Zentrum zur Verfügung: Zadar (25 HRK),

Split (30 HRK) und Dubrovnik (40 HRK). Die Abfahrtszeiten sind auf die Flugpläne abgestimmt. Oft sind Pauschalreisen günstiger als die getrennte Buchung von Flug und Unterkunft.

Einreise und Dokumente

EU-Bürger und Schweizer, die sich bis zu 90 Tage in Kroatien aufhalten, benötigen einen gültigen (auch vorläufigen) **Personalausweis** oder **Reisepass**. Für Kinder ist ein eigenes Ausweisdokument erforderlich. Im Falle eines Diebstahls oder Verlustes ist es hilfreich, im Vorfeld eine Kopie der Dokumente angefertigt zu haben (in Papier- oder elektronischer Form). **Jugendliche** unter 18 Jahren, die alleine nach Dalmatien reisen, sollten unbedingt eine unterzeichnete Einverständniserklärung der Eltern mitnehmen. Ein mehrsprachiger Vordruck ist beim ADAC erhältlich. Kroatien gehört zwar zur EU, ist aber noch kein Mitgliedstaat des Schengener Abkommens. Daher werden an den Grenzen nach wie vor **Personen- und Fahrzeugkontrollen** durchgeführt.

 Auto- und Straßenverkehr

Führerschein und Papiere

Wer mit dem Auto unterwegs ist, benötigt einen **nationalen Führerschein**. Vergessen Sie den **Fahrzeugschein** nicht, wenn Sie mit dem eigenen Auto anreisen. Ein **Nationalitätskennzeichen** ist nur erforderlich, wenn Ihr Auto kein Euro-Nummernschild hat. Die Mitnahme der **grünen Versicherungskarte** ist nicht mehr Pflicht, kann bei Unfällen aber die Abwicklung erleichtern. Aber: Wer durch Neum (Bosnien und Herzegowina) fährt, benötigt die grüne Karte! Diese

ist auch für Ausflüge nach Montenegro erforderlich.

Verkehrsvorschriften

Die **Promillegrenze** liegt bei 0,5. Für Fahrer unter 25 Jahre herrscht absolutes Alkoholverbot. Ende Oktober bis Ende März sind auch tagsüber eingeschaltete **Scheinwerfer** vorgeschrieben (Motorräder ganzjährig). Beim Überholen muss der Blinker während des gesamten Überholvorgangs eingeschaltet bleiben. Der ADAC empfiehlt die Mitnahme eines **Ersatz-Glühlampensets** (außer bei Xenon-, LED- oder Neon-Scheinwerfern).

Tempolimits in Kroatien

Straße	Tempolimit
Autobahn	max. 130 km/h
Schnellstraße	max. 110 km/h
Landstraße	max. 90 km/h
Ortschaft	max. 50 km/h

Für **Fahrer unter 25 Jahre** reduziert sich das maximal zulässige Tempo außerorts um jeweils 10 km/h (max. 120/100/80 km/h). Mit **Radarkontrollen** muss überall gerechnet werden!

Maut

Auf kroatischen Autobahnen (»autocesta«) fällt eine nach Entfernung und Fahrzeughöhe gestaffelte **Mautgebühr** (»cestarina«) an, z. B. Zadar–Dugopolje (Split) 60 HRK (Pkw). Fahrzeuge über 1,9 m Gesamthöhe (ohne Dachboxen und Aufbauten) werden höher bemautet, Motorräder hingegen geringer. Bei der Auffahrt wird ein Ticket gezogen, bei der Ausfahrt kann in Kuna, Euro sowie mit der Kredit- oder EC-Karte bezahlt werden. Mit dem **Routenplaner des ADAC** können Sie sich die Maut ausrechnen lassen: https://maps.adac.de.

Tanken

Die **Benzinpreise** unterscheiden sich landesweit nur geringfügig voneinander: Ein Liter Super Bleifrei (95 Oktan, »Eurosuper« genannt) kostet durchschnittlich 1,41 €/10,50 HRK und ein Liter Diesel (»Eurodiesel«, einfacher Diesel ist speziell für Lkw geeignet) 1,35 €/10 HRK (Stand: Januar 2019). Der Zusatz »BS« bedeutet »bez sumfora« (bleifrei). An einigen Tankstellen ist Eurosuper BS 100 (100 Oktan) erhältlich. Gefüllte **Reservekanister** dürfen nicht im Auto transportiert werden. **Tankstellen** haben in der Regel von 7–20, im Sommer bis 22 Uhr und an Autobahnen und wichtigen Straßen rund um die Uhr geöffnet. Bezahlt werden kann auch mit der Kredit- oder EC-Karte. Auf den Inseln gibt es oft nur eine einzige oder wenige Tankstellen: Daher schon beim Verlassen der Fähre ans Tanken denken (im Fährhafen gibt es immer eine Tankstelle)!

Parken

In den meisten Städten gibt es größere **Parkplätze** und **Parkhäuser.** Wer am Straßenrand parkt, sollte die **gestrichelten Linien** beachten, die einen kostenpflichtigen Parkplatz markieren. In der Regel gibt es **verschiedene Farbzonen** mit gestaffelter Gebühr und Parkhöchstdauer. Bezahlt werden kann in der Regel bar am Parkscheinautomaten (Tipp: Münzgeld sammeln und im Auto aufbewahren). Die **Zahlung mit dem Mobiltelefon** funktioniert in der Regel nur mit einer kroatischen Handynummer. Eine Alternative ist die mobile App »PayDo«, mit der man bislang in Zadar, Šibenik, Split und Dubrovnik bezahlen kann. Für eine längere Parkzeit bieten sich zentrale, große Parkplätze oder -häuser an. An Strandparkplätzen (z. B. in Brela) gibt es oft nur Tagestickets. **Falschparker** werden rigoros abgeschleppt oder mit einer Parkkralle festgesetzt! Um das Fahrzeug wieder auszulösen, werden z. B. in Šibenik rund 400 HRK Abschlepp- plus rund 50 HRK Standgebühr pro Tag verlangt.

Panne und Unfall

Bewahren Sie bei Pannen oder Unfällen die Ruhe! Verlassen Sie Ihr Auto außerhalb geschlossener Ortschaften nur mit der reflektierenden **Warnweste**, sichern Sie die Gefahrenstelle mit einem **Warndreieck** ab. Unfälle mit Personenschäden müssen der **Polizei** gemeldet werden (Tel. 192) oder unter der **Euro-Notrufnummer** (Tel. 112). Wir empfehlen dies auch für Unfälle mit Blechschaden. Lassen Sie sich vor der Weiterfahrt von der Polizei eine **Schadensbestätigung** (»potvrda«) ausstellen. Das Ausfüllen des Europäischen Unfallberichts erleichtert die Schadensabwicklung; mehrsprachige Vordrucke sind beim ADAC erhältlich.

Die **Pannenhilfe** des kroatischen **Automobilklubs HAK** (www.hak.hr) ist rund um die Uhr unter der Rufnummer 1987 erreichbar (ausländische Handys: Tel. +385 1 1987).

Barrierefreies Reisen

Bevor Sie buchen, sollten Sie sich genau nach den Gegebenheiten vor Ort erkundigen, z. B. ob die Unterkunft im Erdgeschoss liegt. Einige Städte wie Šibenik oder Dubrovnik haben Treppengassen, viele Dörfer in Dalmatien sind in den Hang hineingebaut. Betonierte

Strände verfügen oftmals über praktische Einstiegsleitern ins Wasser, Stände mit der »Blauen Flagge« haben einen barrierefreien Strandabschnitt. Ausgewiesene Behindertenparkplätze gibt es überall in Dalmatien.

Kroatischer Verband der Körperbehinderten:

 Šoštaričeva 8, 10000 Zagreb, Tel.+385 (01)/481 2004, www.hsuti.hr

Diplomatische Vertretungen

Die Auslandsvertretungen Ihres Heimatlandes helfen bei Verlust von Reisedokumenten oder Problemen mit den kroatischen Behörden.

Deutsche Botschaft Zagreb

 Ulica grada Vukovara 64, 10000 Zagreb, Tel. +385 (01) 630 01 00 und in Notfällen mobil +385 (0) 98 22 71 36 (auch per SMS), www.zagreb.diplo.de

Österreichische Botschaft

 Radnička cesta 80 (»Zagreb-Tower«), 9. Stock, 10000 Zagreb, Tel. +385 (01) 488 10 50, www.aussenministerium.at/zagreb

Schweizerische Botschaft

 Ulica Augusta Cesarca 10 (»Ban-centar«), 2. Stock, 10000 Zagreb, Tel. +385 (01) 487 88 00, www.eda.admin.ch/zagreb

Einkaufen und Märkte

Zahlreiche Einkaufstipps finden sich im Innenteil des Reiseführers. **Grünmärkte/Bauernmärkte** sind ein besonderes Erlebnis: Dort gibt es regionales Obst, Gemüse, aber auch Liköre, Schnäpse, Feigen, Lavendelsäcke oder kandierte Orangenschalen

(»arancini«). Auf **Fischmärkten** geht es am Vormittag lebhaft zu.

Kulinarische Leckereien sind ein perfektes Mitbringsel aus Dalmatien! Kaum ein touristischer Ort, der nicht über einen Delikatessenladen verfügt! Auch auf dem Markt wird man fündig. Vorzügliche **Rotweine** gibt es auf der Halbinsel Pelješac, Zadar ist für seinen klaren **Maraschino-Kirschlikör** berühmt, **Meersalz** wird in den Salinen von Pag, Nin und Ston gewonnen und nicht nur dort angeboten. **Pager Spitzen** sind nicht günstig, aber mit dem Kauf, am besten direkt vor Ort, unterstützen Sie die Tradition. Hvar ist die **Lavendelinsel,** an vielen Ständen gibt es entsprechende Mitbringsel. In Museumsläden findet sich oft hübsches **Kunsthandwerk** lokaler Künstler.

Feiertage

Gesetzliche, arbeitsfreie Feiertage in Kroatien: 1. Januar (Neujahr), 6. Januar (Hl. Drei Könige), Ostersonntag und -montag, 1. Mai (Tag der Arbeit), Fronleichnam (Mai/Juni), 22. Juni (»Tag des antifaschistischen Widerstandskampfes«), 25. Juni (Nationalfeiertag), 5. August (»Tag des Sieges und der heimatlichen Dankbarkeit in Erinnerung an die Rückeroberung der Krajina«), 15. August (Mariä Himmelfahrt), 8. Oktober (Unabhängigkeitstag), 1. November (Allerheiligen) sowie 25. und 26. Dezember (Weihnachten).

Geld und Währung

Landeswährung ist die **Kroatische Kuna** (»Marder«, da im Mittelalter Tierfelle Zahlungsmittel waren). 1 Kuna (HRK oder Kn) ist in 100 Lipa (»Linde«) unterteilt. Im Umlauf sind Scheine im

Festivals und Events

Februar/März

Fest des hl. Blasius (Dubrovnik, 3. Feb.,11.30 Uhr) – Zu Ehren des Schutzpatrons Sveti Vlaho findet eine große Prozession statt.

Karneval/Lastovski poklad (Insel Lastovo) – Die närrische Zeit wird auf Lastovo mit Büßer-Puppe, die vom Berg abgeseilt wird, gefeiert.

März/April

Osterprozession »Za križen« (Insel Hvar, Gründonnerstag ab 22 Uhr) – Zeitgleich startet die Kreuzprozession in sechs Dörfern und dauert die ganze Nacht.

Juni–September

Moreška-Schwerttanz (Korčula-Stadt, Mo/Do je 21 Uhr) – Traditionelle Volkstänze mit scharfen Klingen werden seit Jahrhunderten getanzt.

Juni

Internationales Kinderfestival Šibenik (http://mdf-sibenik.com) – Zwei Wochen dreht sich alles um den Nachwuchs: Musik, Theater, Straßenkünstler.

Juli

Festival der dalmatinischen Klapa-Gesänge (Omiš, http://fdk.hr) – Die besten A-Capella-Männerchöre des Landes treten gegeneinander an.

Juli/August

Dubrovačke ljetne igre (10. Juli–25. Aug., www.dubrovnik-festival.hr) – Dubrovniker Sommerfestspiele – Festungen und Altstadt-Plätze werden zu stimmungsvollen Frei-lichtbühnen mit Konzerten, Musik, Ballett, Film.

Spliter Sommerfestival (14. Juli–14. Aug., http://splitskifestival.hr) – Schlager und Pop stehen bei einem der berühmtesten kroatischen Musikfestivals auf der Agenda.

Fischerfest (z. B. in Split, Termin bei der TZ erfragen) – Sardinen kosten, Chören lauschen oder eine Fahrt auf dem Fischerboot machen …

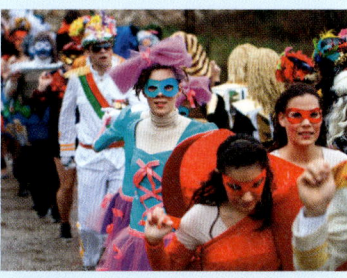

Bunter Karnevalsumzug in Lastovo

August

Sinjska alka (Sinj, 1. Aug.-Wochen-ende, www.alka.hr) – Traditionelles Ringreiten mit großem Volksfest und Prozession.

Piratenschlacht von Omiš (www.visitomis.hr) – Bei der nachgestellten Piratenschlacht im Stadthafen prallen Segelboote und kühne Kämpfer aufeinander.

Dezember/Januar

Advents-, Weihnachts- und Wintermärkte (Dez.–Anf./Mitte Jan. in Zadar, Split und Dubrovnik) – Budenzauber, Show-Bühnen und Glühwein mit Meerblick. Höhepunkt sind die Open-Air-Konzerte an Silvester (Hauptplatz).

Wert von 10, 20, 50, 100, 200, 500 und 1000 Kuna, Münzen im Wert von 1, 2, 5, 10, 20 und 50 Lipa sowie von 1, 2 und 5 Kuna. Viele Restaurants und Geschäfte weisen ihre Preise auch in **Euro** aus, zahlen darf man – per Gesetz – allerdings nur in der Landeswährung. Viele Geschäfte weisen durch Schilder »No Euro« darauf hin. Eine Ausnahme ist die Autobahnmaut, die von Nicht-Residenten in Euro beglichen werden darf. Durch die Anbindung an den Euro ist der Wechselkurs stabil.

Wechselkurse

(Stand: Januar 2019, www.oanda.com)

1 € / 1 CHF	7,4 HRK / 6,55 HRK
10 € / 10 CHF	74 HRK / 65,50 CHF
100 € / 100 CHF	743 HRK / 655,00 HRK
1 HRK	0,13 € / 0,15 CHF
10 HRK	1,35 € / 1,53 CHF
100 HRK	13,46 € / 15,26 CHF

Kroatische Kuna in bar können problemlos mit der EC- oder Kreditkarte am **Geldautomaten** abgehoben werden (Achtung: Je nach Kreditinstitut gibt es Beschränkungen bei der Abhebesumme). Geldautomaten findet man auch in kleineren Orten, auf Inseln gibt es nur wenige Bankomaten.

In **Wechselstuben** (»mjenjačnica«) können Sie Bargeld meist günstiger als in der Bank tauschen – in Touristenorten auch sonntags und am Abend. **Banken** haben Mo–Fr 7–19 und samstags nur am Vormittag geöffnet.

In den meisten Hotels, Restaurants, Geschäften und Tankstellen kann man mit **Kredit- oder EC-Karte** zahlen, in Privatunterkünften, kleineren Restaurants und Cafés oft nur in bar.

Kosten im Urlaub

(durchschnittliches Preisniveau)

Espresso	8–12 HRK / 1,08–1,62 €
Softdrink	20 HRK / 2,70 €
kleines Bier (0,33 l)	18 HRK / 2,42 €
Pizza	40–60 HRK / 5,38–8,07 €
1 kg Edelfisch im Restaurant (Zuchtfisch/ Wildfang)	250–400 HRK (Zucht) bzw. 450–650 HRK (Wildfang) 33,65–53,86 € (Zucht) bzw. 60,57–87,48 € (Wildfang)
1 Std. Parken (Straße)	ab 5 HRK / ab 0,67 €

Gesundheit

Bei Krankheit sollten Sie das nächste **Krankenhaus** (»bolnica«), Ärztehaus (»dom zdravlja«) oder eine Ambulanz (»ambulanta«) aufsuchen. Bei Tauchunfällen hilft der **Seenotruf** (Tel. 9155), **Druckkammern** gibt es in Zadar, Split und Dubrovnik. Im Krankheitsfall ist die Behandlung für EU-Bürger bei Vorlage der gesetzlichen Krankenversicherungskarte kostenlos: Auf der Rückseite ist die **Europäische Krankenversicherungskarte (EHIC)** integriert. Heben Sie Quittungen für Medikamente oder Zuzahlungen gut auf, um sie zur Rückerstattung bei der Krankenkasse einzureichen. Auch wenn die medizinische Versorgung in Kroatien solide ist, wird der Abschluss einer **privaten Auslandskrankenversicherung** mit Rückholservice empfohlen. Diese wird u. a. vom ADAC im Rahmen der Plus-Mitgliedschaft angeboten. Auch **Apotheken** (»ljekarna«) gibt es in fast allen Orten und auf den bewohnten Inseln. Viele Ärzte und

Apotheker verstehen Englisch, gelegentlich auch Deutsch.

Falls Sie in abgelegenen Bergregionen wandern, sollten Sie gutes Schuhwerk tragen, da in Kroatien die **giftigen Horn- und Kreuzottern** auftauchen können – meist flüchten die scheuen Tiere jedoch, wenn jemand kommt.

Haustiere

Wer mit Hunden oder Katzen nach Kroatien reisen möchte, benötigt einen **EU-Heimtierausweis,** den Nachweis über eine gültige Tollwutimpfung sowie einen implantierten **Mikrochip** zur Kennzeichnung. Für Hunde besteht **Leinenpflicht,** in öffentlichen Verkehrsmitteln und für Kampfhunde gilt eine **Maulkorbpflicht.** Erkundigen Sie sich vor der Buchung Ihrer Unterkunft, ob Haustiere erlaubt sind (Aufpreis).

Information

Die Touristen-Informationen TZ/TZG/TZO (Tourismusverband/ Tourismusverband einer Stadt/Tourismusverband einer Gemeinde - Turistička zajednica/Turistička zajednica grada/Turistička zajednica općine) oder TIC (»Turistički informativni centar«) sind in diesem Reiseführer unter den jeweiligen Orten aufgeführt. Kommerzielle Tourismusagenturen heißen »Turist biro« oder ähnlich und vermitteln Privatunterkünfte und Ausflüge. Allgemeine Informationen erteilt die Kroatische Zentrale für Tourismus (www.croatia.hr, Facebook: @croatia):

Kroatische Zentrale für Tourismus
■ Stephanstr. 13, 60313 Frankfurt/M.,
Tel. 069/238 53 50

■ Hesseloherstr. 9, 80802 München,
Tel. 089/7 22 33 44
■ Liechtensteinstr. 22a, 1090 Wien,
Tel. (01) 585 38 84 (auch für Anfragen aus der Schweiz)

Klima und Reisezeit

In Dalmatien herrscht angenehmes **Mittelmeerklima:** Heiße, trockene Sommer und milde, aber regenreiche Winter prägen das Wetter der Küstenregion. Die wärmsten Monate sind Juni bis August, doch auch im September lässt es sich noch baden. Mit ein wenig Glück kann man auch im Oktober noch – zumindest einen Zeh – in die Adria eintauchen.

Der **Vorteil der Nachsaison:** Nicht nur an den Stränden geht es deutlich ruhiger als im Hochsommer zu. Die Hauptsaison bringt nämlich nicht nur Sonne und Badegarantie, sondern stellt Urlauber bisweilen auf eine harte Geduldsprobe: Wartekolonnen an den Grenzen, keine noch so kleine Parklücke in Sicht und Menschenschlangen vor dem Lieblingsrestaurant – von den oft drei- oder vierfach höheren Hotelpreisen im Juli und August ganz zu schweigen. Absoluter Höhepunkt ist der Zeitraum 5. bis 15. August, denn dann gibt es in Kroatien gleich zwei Feiertage.

Entspannter geht es im Frühjahr und Herbst zu, eine **ideale Reisezeit** mit milden Temperaturen, die zum Wandern, Klettern und Radfahren einladen. Die meisten Hotels in Badeorten, aber auch Restaurants, sind nur im Sommer geöffnet. Dubrovnik hat (fast) das ganze Jahr über Saison, ab Ende Oktober wird die Zahl der Charterflüge deutlich reduziert – dann wird es auch hier etwas ruhiger.

Klimatabelle Dalmatien (Split)

Monat	Luft (°C) max./ min.	Wasser (°C)	Sonne (h/Tag)	Regen- tage
Jan.	11/6	12	4	8
Feb.	11/6	12	5	7
März	14/8	12	6	7
April	18/11	14	7	7
Mai	23/16	17	9	6
Juni	27/19	21	10	5
Juli	30/22	23	11	3
Aug.	30/22	24	10	3
Sept.	25/18	22	8	5
Okt.	20/14	20	7	7
Nov.	15/10	17	4	9
Dez.	11/7	14	3	9

Notfall

Die **Europäische Notrufnummer** gilt auch in Kroatien: Tel. 112 (s. dazu auch »Panne und Unfall« auf S. 127) .

Öffnungszeiten

Die meisten **Geschäfte** haben montags bis freitags von 8 bis 20 Uhr geöffnet sowie am Samstagvormittag. In großen Supermärkten, Einkaufszentren und Shops in Touristenzentren können Sie meist länger einkaufen. In kleineren Orten schließen viele Geschäfte hingegen oft schon am Nachmittag. Üblich ist auch eine mehrstündige Mittagspause, gerade bei Museen. Viele **Kirchen** haben unregelmäßige Besucherzeiten und sind meist nur während der Gottesdienste (sowie davor und danach) geöffnet. Größere Kathedralen haben hingegen feste Öffnungszeiten, oft auch mit einer längeren Mittagspause. Grundsätzlich nimmt man es in puncto Öffnungszeiten nicht so genau. Wird das Wetter schlecht, bleiben **Museen** auf den kleineren Inseln bisweilen geschlossen. **Restaurants** öffnen in der Regel von 11/12 bis 23 Uhr, im Winter meist kürzer. In Badeorten dauert die Saison meist nur von Ostern/Mai bis September/Oktober, außerhalb dieser Zeit sind Hotels und Restaurants geschlossen.

Post

Öffnungszeiten: Die meisten Postämter (»pošta«, gekennzeichnet mit der Aufschrift HPT) haben Mo–Fr von 7–19, samstags bis 13 Uhr, in Touristenzentren auch länger geöffnet.
Das **Porto** für Postkarten (»razglednica«) beträgt beim Versand ins EU-Ausland 5,80 HRK. Briefmarken (»poštanska marka«) gibt es gelegentlich auch am Kiosk, in Tabak- und Zeitungsläden.

Rauchen und Alkohol

In öffentlichen Einrichtungen darf nicht geraucht werden. Kleinere Cafés können sich als Rauchercafé ausgeben, größere haben einen abgetrennten Raum oder eine Terrasse für Raucher. Der Verkauf **alkoholischer Getränke** und **Zigaretten** an Personen unter 18 Jahren ist verboten.

Sicherheit

Kroatien gilt als eines der sichersten Urlaubsländer Europas: Gewaltdelikte und Straßenkriminalität sind sehr selten. Dennoch sollten Sie nicht größere Mengen an Bargeld mit an den Strand nehmen. Im Ernstfall erreichen Sie die

Polizei unter Tel. 192. Falls Ihnen Ihre Kreditkarte abhanden kommt, sollten Sie unbedingt die zentrale **Kartensperrnummer** anrufen: +49 116 116.

Stets zu beachten sind **Minenwarnschilder!** In ganz Kroatien gibt es derzeit noch 12 000 Warnschilder (»Oprez! Mine«). Vor allem im Hinterland von Zadar, in der dünn besiedelten Bergregion Lika, aber auch in anderen Gegenden, die im Krieg umkämpft waren, sind die Minenräumarbeiten noch nicht abgeschlossen. Mithilfe von EU-Mitteln soll Kroatien bis 2028 minenfrei werden (www.hcr.hr).

Sport

Die kroatische Küste ist ein Traum für **Wassersportler:** Privatstrände gibt es kaum, Schwimmen ist fast überall möglich. **Schnorcheln, Tauchen, Kanu-, Kajak-, Bootfahren** oder **Stehpaddeln** (SUP) stehen hoch im Kurs. Omiš gilt mit dem Fluss Cetina als **Rafting**-Hochburg. Tauchgänge sind auch zu versunkenen Schiffswracks (z. B. bei Cavtat) möglich. Wer gerne segelt, findet in Dalmatien sein Paradies – etwa im Kornati-Archipel. Viele Anbieter vermieten **Segelboote** mit (und ohne) Skipper. Eine Liste aller Marinas des Adriatic Croatia International Club (ACI) in Kroatien ist online abrufbar: www.aci-marinas.com/de.

An Land bietet Dalmatien ideale Bedingungen zum **Radfahren, Klettern, Reiten** und **Tennisspielen.** Eine schöne Radtour führt z. B. um den Vrana-See; und ab Skradin kann man den Nationalpark Krka mit dem Rad entdecken. E-Bikes sind ebenfalls verbreitet. Im Hinterland der Küste und auf den Inseln gibt es wunderbare **Wanderwege:** Aussichtsreiche Gipfel verspre-

chen das Paklenica-Gebirge nördlich von Zadar oder das Biokovo-Gebirge an der Makarska Riviera. Bei allen Ausflügen und Wanderungen gilt: Reichlich Wasser mitnehmen, vor allem im kargen Kalkgebirge, in dem es im Hochsommer kaum Schatten gibt.

Strom und Steckdose

Steckdosen-Adapter sind nicht erforderlich, da die Netzspannung dieselbe ist wie daheim.

Telefon und Internet

Roaming-Gebühren für die Handynutzung fallen im EU-Land Kroatien nicht mehr an. Aber: Im Konavle wählt sich das Handy gerne ins Netz von Bosnien und Herzegowina oder Montenegro ein. Das kann teuer werden!

Internationale Vorwahlen
- Kroatien 00385
- Deutschland 0049
- Österreich 0043
- Schweiz 0041

Anrufer aus dem Ausland wählen die Ländervorwahl 00385 für Kroatien, anschließend die Ortsvorwahl, jedoch ohne Null am Anfang. Wer Ausflüge in die Nicht-EU-Länder Bosnien und Herzegowina oder Montenegro plant (oder sich im Grenzgebiet aufhält), sollte sich vorab nach den Roaming-Kosten erkundigen.

Die meisten Cafés, Restaurants und Hotels bieten ihren Gästen einen kostenlosen **WLAN**-Zugang (»free WiFi«), das Password kann auf dem Quittungsbeleg stehen. Viele Städte bieten kostenloses WLAN in Museen oder Sehenswürdigkeiten.

Umgangsformen

Beim Bezahlen im Restaurant ist es nicht üblich, die **Rechnung aufzuteilen.** Stattdessen legt man in der Gruppe zusammen oder reicht die Zeche von Runde zu Runde diskret weiter. Wer mit dem Service im Restaurant zufrieden war, hinterlässt ein **Trinkgeld** (5–10 %). Auch Taxifahrer, Hotelpagen oder Zimmermädchen freuen sich über eine kleine Aufmerksamkeit. Der jüngste Krieg hat immer noch tiefe Spuren hinterlassen – umschiffen Sie **politische Diskussionen** mit den Einheimischen lieber elegant.

Nacktbaden ist an ausgewiesenen **FKK-Stränden** gestattet, die zumindest bei Kroatien-Besuchern aus dem Ausland eine lange Tradition haben. Nackter Oberkörper in der Stadt? Bitte nicht! In **Kirchen und Klöstern** gilt: Keine Tops mit Spaghetti-Trägern, am besten ein Tuch mitnehmen und Schultern damit bedecken (werden mancherorts auch ausgeliehen).

 ## Unterkunft und Hotels

Dalmatien bietet eine breite Palette an Unterkünften: von schlichten Zimmern bis zum Luxushotel. In der Hauptreisezeit ist eine Reservierung, etwa über www.booking.com oder www.airbnb.de, sinnvoll. Wenn Sie nur an einem Ort bleiben möchten, kann die Buchung einer **Pauschalreise** mit Flug und Hotel günstiger sein als eine individuell gestaltete Reise.

Die **Kurtaxe** beträgt bis zu 10 HRK pro Nacht (ab 12 Jahre). Viele Ferienanlagen und Strandhotels sind im Winter geschlossen und öffnen erst an Ostern oder im Mai. In größeren Städten findet sich ganzjährig eine Unterkunft.

Hotels und Hostels

Im Juli und August explodieren die **Hotelpreise,** selbst Drei-Sterne-Hotels erreichen dann das Preisniveau von Luxushotels. Das gilt vor allem für die begehrten Reiseziele Dubrovnik und Hvar (Stadt). In der Nebensaison kann man auch in Luxushotels bisweilen zu angemessenen Preisen übernachten! In den vergangenen Jahren sind viele private **Hostels** entstanden, die meist auch Einzel- und Doppelzimmer anbieten und vom Komfort mit Gästehäusern und B&B-Häusern vergleichbar sind. Empfehlenswerte Adressen finden Sie im vorderen Teil des Buches auf S. 40, 60, 92 und 121.

Privatzimmer und Agrotourismus

Sehr gefragt sind **private Zimmer** (»sobe«) und Apartments/Ferienwohnungen (»apartmani«), die zweckmäßig oder luxuriös sind. Wenn der Vermieter in der Nähe lebt, kann oft auch ein Frühstück gebucht werden. Vor Ort zu buchen empfiehlt sich in der Hauptsaison nicht. Im Zweifelsfall helfen die Touristinformationen weiter.

Nicht ganz so verbreitet wie in Istrien ist **Agrotourismus** (Beschilderung: »agroturizam« oder »stancija«) – hier übernachtet man bei Direktvermarktern auf Mini-Bauernhöfen.

Camping

Dalmatien ist auch ein beliebtes **Camping**-Ziel: Vom luxuriösen Bungalow bis zum FKK-Campingplatz reicht das Angebot. Wildes Zelten und das Übernachten im Caravan auf Parkplätzen sind nicht gestattet (scharfe Kontrollen!). Nähere Infos im ADAC-Campingführer (https://campingfuehrer.adac.de) sowie beim kroatischen Campingverband (www.camping.hr).

Verkehrsmittel im Land

Bahn und Bus

Das **Bahnnetz** in Dalmatien ist dürftig. Entlang der Küste gibt es keine durchgehende Zugverbindung, ein Regionalzug verkehrt z. B. von Šibenik nach Knin. Interessant ist der **Nachtzug Zagreb–Split,** der die Mitnahme von Autos ermöglicht. Zwischen Split und Dubrovnik gibt es kein Bahnnetz, ein Regionalzug verkehrt nach Knin.

Das **Busnetz** ist hingegen gut ausgebaut. Fahrpläne und ein begrenztes Kontingent an **Online-Tickets** gibt es bei www.buscroatia.com oder am Schalter. Preisbeispiele: Bus Zadar–Split 90 HRK (3,5 Std., 170 km); Split–Dubrovnik 130 HRK (4,5 Std., 230 km).

Fähren

Von vielen Küstenstädten verkehren **Autofähren** (trajekt) und **Personenschnellboote** (katamaran): Zadar ist der wichtigste Fährhafen in Norddalmatien und bietet Verbindungen zu vielen Inseln, aber auch nach Pula in Istrien. Von Split und Dubrovnik aus gelangt man auf viele Inseln Mittel- und Süddalmatiens. Die meisten Verbindungen sind in Hand der staatlichen Reederei **Jadrolinija** (www.jadrolinija.hr). Einzelne Strecken ab Zadar werden von G&V (www.gv-zadar.hr) und Miatours (www.miatours.hr) betrieben. Bei der Fähranreise einen Zeitpuffer einplanen (S. 144).

Mietwagen

Zum Mieten eines Fahzeugs muss der nationale Führerschein vorgelegt werden. Eine **Kreditkarte** (keine EC-Karte!), die mit einer Kaution belegt wird, ist unbedingt erforderlich. ADAC-Mitglieder erhalten von der **ADAC Auto-vermietung** günstige Konditionen. Eine Vollkaskoversicherung ohne jegliche Selbstbeteiligung wird empfohlen. Wer mit dem Mietwagen den »Korridor von Neum« passiert, muss dies bei Vertragsabschluss unbedingt angeben. Einige Verleiher berechnen dafür eine Extra-Gebühr. Wer eine Fähre nutzen möchte, wird ebenfalls mit einem Aufpreis zur Kasse gebeten. Einige Anbieter haben Pauschalpreise für die Grenzüberschreitung.

E-Mobilität

Wer mit dem eigenen Elektrofahrzeug oder E-Bike unterwegs ist, findet eine Karte mit **E-Tankstellen** in Dalmatien auch online unter de.chargemap.com.

Taxis

Wer nicht selbst fahren möchte, kann auf einen Shuttle-Service (Abholung am Flughafen) zurückgreifen, den viele Hotels anbieten. **Taxistände** findet man in größeren Städten z. B. am Busbahnhof. Für den Taxi-Transfer vom Flughafen von Dubrovnik in die Altstadt muss man mit 250–270 HRK rechnen, eine offizielle Tafel am Taxistand informiert über die Preise. Beim Start werden, je nach Stadt, etwa 20–40 HRK fällig (plus Nachtaufschlag). Pro Gepäckstück werden oftmals rund 5 HRK extra berechnet. Darauf achten, dass das **Taxameter** eingeschaltet ist.

Zollbestimmungen

Der persönliche Warenverkehr innerhalb der EU ist abgabenfrei (www.zoll.de). Beschränkungen gibt noch bei Tabakware (800 Zigaretten, max. 90 Wein) und einigen anderen hochbesteuerbaren Waren. Für die **Schweiz** siehe www.ezv.admin.ch.

Die Geschichte Dalmatiens

4./3. Jh. v. Chr. Griechische Siedler lassen sich in Vis und Trogir nieder.

1. Jh. n. Chr. Die Römer unterwerfen die Delmater und gründen die Provinz Dalmatien mit der Hauptstadt Salona.

305 n. Chr. Kaiser Diokletian bezieht seinen Altersruhesitz in Split.

6./7. Jh. n. Chr. Slawische Stämme dringen von den Karpaten südwärts; Awaren zerstören Salona (Solin) und Epidaurus (Cavtat).

925 Tomislav wird erster kroatischer König, er vereinigt Pannonien und Dalmatien zu einem kroatischen Staat.

ab 1409 Für 100 000 Dukaten verkauft König Ladislaus von Neapel Dalmatien, das fortan unter venezianischer Herrschaft steht (bis 1797); die Republik Ragusa (Dubrovnik) bleibt unabhängiger Stadtstaat.

1667 Das große Erdbeben von Dubrovnik zerstört viele Altstadtgebäude.

1806 Russland und Montenegro kämpfen um Dubrovnik, Napoleon erklärt zwei Jahre später Dubrovnik zu französischem Hoheitsgebiet.

1815 Der Wiener Kongress schlägt Dalmatien und Dubrovnik den Habsburgern zu.

1918 Mit dem Ende des Habsburger Reichs werden Dalmatien und Dubrovnik Teil des neu gegründeten Staates der Serben, Kroaten und Slowenen, dem späteren Jugoslawien; Zadar und die Insel Lastovo verbleiben bis zum Zweiten Weltkrieg bei Italien.

1941–1945 »Unabhängige Republik Kroatien« (NDH) unter Ante Pavelić.

1945 Partisanenführer Tito übernimmt die Macht, wird später zum Staatspräsident auf Lebenszeit.

1971 Niederschlagung des »Kroatischen Frühlings«, Belgrad stoppt den Autobahnbau Zagreb–Split.

1980 Nach dem Tod Titos beginnt der Zerfall Jugoslawiens.

1990 Franjo Tuđman wird erster frei gewählter Präsident Kroatiens.

1991–1995 Unabhängigkeitserklärung Kroatiens; Krieg: Zadar, Šibenik, Dubrovnik stehen unter Belagerung, serbische Besatzung der Krajina.

1995 Operation »Oluja« (Sturm): Vertreibung der Serben aus der Republik Krajina, Rückeroberung von Knin; Friedensvertrag von Dayton: Bosnien und Herzegowina bekommt Adriazugang.

2002 Abzug der UN-Beobachtermission von der Halbinsel Prevlaka.

2013 Kroatien wird 28. EU-Mitglied.

2015 Mit Kolinda Grabar-Kitarović wird erstmals eine Frau Staatspräsidentin.

2018 Der Bau der Pelješac-Brücke wird wieder aufgenommen; Kroatien wird Vize-Weltmeister im Fußball.

2019 Dubrovnik begrenzt die Zahl der Kreuzfahrtschiffe auf zwei pro Tag – und damit auf 5000 Tagesgäste!

Er bestimmte die Geschicke Jugoslawiens von 1945–1980: Josip Broz, kurz Tito

Kroatisch für die Reise

Das Wichtigste in Kürze

Ja/Nein	*da/ne*
Bitte/Danke	*molim/hvala*
Hallo!/Tschüss! (leger)	*Bok!/Ciao! (beides zur Begrüßung und Abschied); auch: Adio!*
Guten Tag!/Auf Wiedersehen!	*Dobar dan!/Do viđenja!*
Guten Morgen!/Guten Abend!/Gute Nacht!	*Dobro jutro!/Dobra večer!/ Laku noć!*
Mein Name ist …	*Ja se zovem …*
Entschuldigung!	*Oprostite!*
Achtung!/Vorsicht!	*Pozor!/Oprez!*
Ich verstehe Sie nicht.	*Ja Vas ne razumijem.*
Wie viel kostet …?	*Koliko košta …?*
Damen/Herren	*ženski/muški*
geöffnet/geschlossen	*otvoreno/zatvoreno*
gestern/heute/morgen	*jučer/danas/sutra*
Wie viel Uhr ist es?	*Koliko je sati?*
Wo ist …?	*Gdje se nalazi …?*
Wie weit ist …?	*Koliko daleko je …?*
Ist das der Weg nach …?	*Da li je ovo put za …?*
Nord/Süd/Ost/West	*sjever/jug/istok/zapad*
Ich möchte …	*htio/htjela* bih …*
Die Rechnung, bitte!	*Račun, molim.*
Restaurant	*restoran*
Auto	*automobil/kola*
Tankstelle	*benzinska postaja*
Kraftstoff/bleifrei/Super/Diesel/Autogas	*gorivo/bezolovan bzw. bezolovno gorivo/Super/ Diesel bzw. dizel/autoplin*
Panne	*nezgoda*
Hilfe!	*U pomoć!*
Fahrrad/E-Bike	*bicikl/električni bicikl*
Hauptbahnhof	*glavni kolodvor*
Busbahnhof/Bushaltestelle	*autobusni kolodvor/autobusna postaja*
Flughafen	*zračna luka/aerodrom*
Ausweis	*osobna iskaznica*
Bank/Geldautomat	*banka/bankomat*

Arzt	*liječnik*
Apotheke	*ljekarna*
Lebensmittelgeschäft/Supermarkt	*trgovina živežnih namirnica/supermarket*
Tourismusbüro	*turistički ured*

Wochentage

Montag/Dienstag	*ponedjeljak/utorak*
Mittwoch/Donnerstag	*srijeda/četvrtak*
Freitag/Samstag	*petak/subota*
Sonntag	*nedjelja*

Monate

Januar/Februar	*siječanj/veljača*
März/April	*ožujak/travanj*
Mai/Juni	*svibanj/lipanj*
Juli/August	*srpanj/kolovoz*
September/Oktober	*rujan/listopad*
November/ Dezember	*studeni/prosinac*

htio/htjela* = männl./weibl. Wortform

Zahlen

1	*jedan*	8	*osam*
2	*dva*	9	*devet*
3	*tri*	10	*deset*
4	*četiri*	11	*jedanaest*
5	*pet*	12	*dvanaest*
6	*šest*	100	*sto*
7	*sedam*	1000	*jedna tisuća*

Hinweise zur Aussprache

lj	wie ›lj‹ (eng zusammen), Bsp.: ulje
nj	wie ›nj‹ (eng zusammen), Bsp.: konj
r	wie ›r‹ (kräftig rollen), Bsp.: riba
s	wie ›ss, ß‹, Bsp.: meso
š	wie ›sch‹, Bsp.: šunka
v	wie ›w‹, Bsp.: voda
z	wie ›s‹ (stimmhaft), Bsp.: bazen
ž	wie ›sch‹ (stimmhaft), Bsp.: žeton

Alle Blickpunkt-Themen in diesem Band:

Register

 A

Adria-Magistrale 22
Alkohol 132
Anreise 125
Arboretum, Trsteno 112
Archipel von Šibenik 52
Archipel von Zadar 33
Arheološki muzej Narona 97
Autofahren 126

B

Babino polje 115
Baćinska jezera 98
Baška Voda 90
Banken 130
Barrierefreies Reisen 127
Bašić, Nikola 31
Betina 44
Biševo 85, 87
Biograd na Moru 37
Blaca, Einsiedelei 80
Blato 102
Bol 78
Bora 23
Božava 35
Brač 78
Brela 90, 91
Broz, Josip (Tito) 86
Brusje 84
Budva 120
Bukovac, Vlaho 117
Burnum 54

C

Cavtat 116
Cigrada 44
Čilipi 119
Čiovo 66
Crkva Sveti Duh 23
Crkva Svetog Nikole 27

D

Dinara 56
Diokletian, Kaiser 68
Diplomatische Vertretungen 128
Donji Okrug 66
Drniš 54
Dubrovnik 104
-   Berg Srđ 109
-   Dominikanski samostan 109
-   Festung Lovrijenac 105
-   Franjevački samostan 107
-   Gradske zidine i trvđave 106
-   Großer Onofrio-Brunnen 107
-   Katedrala Uznesenja Marijina 109
-   Kleiner Onofrio-Brunnen 107
-   Knežev dvor 109
-   Palača Sponza 109
-   Stadtmauer 106
-   Stradun 107
-   Sveti Vlaho 109
-   War Photo Limited 109
Dugi otok, Insel 35

E

Einkaufen 128
Einreise 125
Elaphitische Inseln 113
E-Mobilität 135
Entfernungen 125
Essen und Trinken 38
Etnoland Dalmati 56

F

Fähren 80
Feiertage 128
Festung Napoleon 82
Festungsmauer (Ston) 99
FKK 134

G

Galovac 34
Game of Thrones 113
Geld 128
Gesundheit 130
Gornja Brela 91
Grohote 78

H

Haustiere 131
Hektorović, Petar 83

Register

Bildnachweis

Titel: Glasklares Mittelmeer auf der Insel Hvar
Foto: **HUBER IMAGES** (Tim Mannakee)
Rücktitel: links: **Shutterstock.com** (Yan Simkin); rechts: **Seasons Agency** (Arthur F.Selbach)

Impressum

Herausgeber: GRÄFE UND UNZER VERLAG GmbH, Postfach 86 03 66, 81630 München
Leitender Redakteur: Benjamin Happel
Autor: Veronika Wengert
Verlagsredaktion: Nadia Terbrack (verantw.), Larissa Köpp, Gernot Schnedlitz, Silke Tauscher
Redaktion und Satz: Gudrun Raether-Klünker, Anja Linda Dicke, www.bintang-berlin.de
Bildredaktion: Iris Kaczmarczyk
Schlusskorrektur: Oliver Kiesow
Reihengestaltung: Eva Stadler
Kartografie: Kunth Verlag GmbH & Co. KG, München
Herstellung: Mendy Willerich
Druck: Drukarnia Dimograf Sp z o.o. (Polen)

Ansprechpartner für den Anzeigenverkauf:
KV Kommunalverlag GmbH & Co. KG, MediaCenter München,
Tel. 089/928 09 60

ISBN 978-3-95689-432-9
1. Auflage 2019

© 2019 GRÄFE UND UNZER VERLAG GmbH, München
ADAC Reiseführer Markenlizenz der ADAC Medien und Reise GmbH, München

Leserservice
adac@graefe-und-unzer.de
Tel. 00800/72 37 33 33 (gebührenfrei in D, A, CH)
Mo–Do 9–17 Uhr, Fr 9–16 Uhr

Bei Interesse an maßgeschneiderten B2B-Produkten:
gabriella.hoffmann@graefe-und-unzer.de

Ein Unternehmen der
GANSKE VERLAGSGRUPPE